SINGEN KÖNNEN DIE ALLE!

Marius Jung

# Singen können die alle!

## Handbuch für Negerfreunde

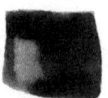

Für meine Liebsten Joana und Karlotta.
Dank an Katinka Buddenkotte und Oliver Domzalski
für die große Unterstützung.

© Marius Jung / Carlsen Verlag GmbH, Dezember 2013
Alle Rechte vorbehalten
Lektorat: Oliver Domzalski
Umschlaggestaltung: Christina Hucke unter Verwendung von
Fotografien von Jenny Egerer (Porträt) und
shutterstock.com/michaeljung
Bildmontage S. 92: Christina Hucke
Layout & Satz und Illustrationen: Matrix Buchkonzepte
Christina Modi & Maren Orlowski Gbr, Hamburg
Druck und Bindung: GGP Media GmbH, Pößneck
ISBN 978-3-551-68448-6
Printed in Germany

# Inhaltsverzeichnis

# 1. Vorwort

*Meine Damen und Herren, liebe Neger!*

Wenn diese Begrüßungsformel leichtes Unwohlsein hervorruft, könnte das folgende Ursachen haben:

**1.** Sie haben diese Worte schon einmal gehört oder gelesen. Sie meinen, sich zu erinnern, dass sie einst aus dem Mund des ehemaligen Bundespräsidenten Heinrich Lübke geschlüpft sind, aber Sie fragen sich, ob das belegt ist.

**2.** Ihre Alarmglocken schrillen sofort, wenn jemand das Wort »Neger« sagt oder gar niederschreibt. So etwas sagt man nicht. Man sagt. Schwarzer. Nein, Moment, Farbiger. Oder Afroamerikaner. Oder Afroafrikaner …?

**3.** Es ist Ihnen generell unangenehm, wenn Sie daran denken, dass nicht nur Sie, sondern auch irgendein Neger dieses Buch gekauft hat.

In allen drei Fällen kann Ihnen geholfen werden – mit diesem Buch. Denn hier erfahren Sie alles, was Sie je über Neger wissen wollten, aber nie zu fragen wagten. Sogar knifflige Benimmfragen wie etwa: »Wer darf wann, wie und warum einen Neger Neger nennen?« werden in diesem zukünftigen Standardwerk beantwortet, und das schon im Vorwort.

**Grundregel 1:** Das Wort Neger hat inzwischen den Beigeschmack des Rassismus und sollte von nicht-schwarzen Menschen nicht verwendet werden.

**Grundregel 2:** *Ich* darf immer, wann, wenn und warum ich will, denn ich bin selbst ein Neger. Von Geburt an, sozusagen von der Pike auf habe ich das Negerhandwerk gelernt.

Wobei ich zugeben muss, dass ich ein bezuschusster Neger bin, wie ein Milchkaffee oder ein Latte. Ein Mulatte. Ein fürchterliches Wort, klingt so altmodisch, nicht wahr? Obwohl: »Latte« klingt eigentlich schon wieder ganz stylish. Oder vielversprechend, je nach Hintergedanken.

Auch mit dem Wort »Mischling« habe ich so meine Probleme. Das klingt, als säße ich seit Jahren in einem Tierasyl auf Mallorca ein – kastriert, leinenführig und fast stubenrein – und wartete auf mein neues Frauchen.

Wie wäre es mit »Halbschwarzer«? Haben Sie da auch sofort das Bild eines schwarz-weiß-gestreiften Mannes vor Augen? Verdrängen Sie das besser, denn so sehe ich nicht aus. An keiner Stelle meines Körpers. Ich bin kein Zebra.

Vielleicht »Afrogermane«? Nein. Erstens möchte ich nicht die Vorstellung wecken, dass ich in einem Leopardenfelllendenschurz herumlaufe und meinen Tag damit beginne, in Drachenblut zu baden, zweitens stimmt dieser Terminus nicht einmal; meine Mutter ist Deutsche, mein Vater war ein amerikanischer Neger. Ihre Liebe war kurz, aber fruchtbar, und neben vielen anderen Problemen, die aus dieser Affäre resultierten, besteht immer noch das meiner fachgerechten Bezeichnung. Könnte man nicht sagen: »Unverzollt importierter GI-Bastard«? Aber das wäre bei Vorstellungsrunden auf Dinnerpartys garantiert kein Eisbrecher. Klingt irgendwie nicht sexy.

Also darf ich mich Neger nennen. »Nicht doch!« werden jetzt die Leser rufen, die oben spontan die Antwort 2 angekreuzt haben, »wir haben doch die tolle *political correctness* erfunden, um Benachteiligte wie Sie zu schützen! Da kann doch nicht jeder x-beliebige Ausländer daherkommen und sprechen, wie er will! Gerade Sie als Neg..., als Schwarzer nicht! Sie könnten sich doch ›Maximalpigmentierter‹ nennen, wäre das nicht hübsch?«

Äh – nein. Abgesehen davon, dass es sachlich falsch ist, war die politische Korrektheit die wohl unheilvollste Erfindung seit dem alkoholfreien Bier. Beide Innovationen verfehlen vollkommen das Thema und hinterlassen nichts als einen schalen Geschmack. Wortschöpfungen wie »maximalpigmentiert«, »körperlich herausgefordert« oder »mental speziell« sind Umschreibungen, die vor allem eines bewirken: Sie grenzen die benannte Gruppe noch mehr aus. Starten Sie doch mal den Selbstversuch. Probieren Sie einmal, sich selbst zu beschreiben, politisch korrekt. Na, wie hört sich das an?

»Schwach pigmentierte Mitteleuropäerin in der statistisch ermittelten Lebensmitte mit gravitätisch herausgeforderten sekundären Geschlechtsmerkmalen« oder

»Kaukasischer XY-Chromosomenträger mit prominenten Merkmalen des westlichen Lebensstandards vorwiegend in der Körpermitte«.

Merken Sie was? Es hätte Sie vermutlich nicht mehr beleidigt, wenn ich einfach frei heraus gesagt hätte, dass Sie Hängebrüste oder eine Wohlstandswampe haben. Sie hätten es nur sofort verstanden und mir direkt eins aufs Maul hauen können.

Allerdings: An seiner Körperfettsitutation kann man immer arbeiten, an seiner Hautfarbe nur bis zu einem gewissen Grad.

Nun aber zum bösen »N-Wort«. So wird das Wort »Neger« mittlerweile umschrieben, weil die Sprachpolizisten Angst haben, sich selbst als Rassisten anklagen zu müssen, wenn sie aussprechen, worum es geht.

»Neger« ist nicht mehr nur ein Wort. Es verkörpert das Böse. Und wer braucht schon noch eine Haltung, wenn er die bösen Wörter aus seinem Sprachgebrauch, aus Kinderbüchern und -liedern und auch aus der Satire und Ironie verbannt. Mit der Vernichtung des Bösen, also des Wortes »Neger«, wird jeglicher Rassismus aus dieser Welt getilgt. (Hat ja schon bei Harry Potter super geklappt: Indem der Name »Voldemort« ersetzt wurde durch »Der-dessen-Name-nicht-genannt-werden-darf«, war der Böse bekanntlich für immer verschwunden.) Diese intelligente Form des Umgangs mit gesellschaftlichen Problemen kannte man vor der political correctness nur aus Kinderzimmern. Sie heißt »Bettdecke übern Kopf.«

Natürlich ist mir die rassistische Bedeutung des Begriffs »Neger« klar, aber die Tabuisierung unabhängig vom Kontext verlangt aus meiner Sicht zwingend eine satirische Trotzreaktion. So eine Art N-Wort-Tourette: Neger! Neger! Neger!

Ich gehe davon aus, dass Sie, die Leserinnen und Leser dieses satirischen Buches, mit dem Prinzip der Ironie vertraut sind. Bevor Sie den Verlag und mich verklagen, ziehen Sie sich ins stille Kämmerlein zurück und sprechen das Wort Neger so oft laut aus, bis Sie lachen müssen. Denn nicht das Wort ist böse, sondern die Haltung dessen, der es in diskriminierender Absicht verwendet.

Ob *Sie* (falls Sie selbst keiner sind) Neger öffentlich sagen dürfen, erfahren Sie auf den nächsten Seiten. Neben

persönlichen Erfahrungen eines in in diesem Lande sozia-
lisierten Negers (oops, schon wieder!) und Überlegungen
zur allgemeinen Rassismus-Lage werden Sie bei der Lektüre verschiedentlich auf interaktive Übungen und Tests
stoßen, mit denen Sie Ihr Negerverständnis überprüfen
können.

Bevor es losgeht, hier aber zunächst die Auflösung zur
Begrüßungsformel: Es ist nicht historisch belegt, dass der
gute alte Lübke jene Worte an die Bevölkerung Liberias
richtete, als er das Land im Jahre 1961 besuchte. Allerdings
wäre ihm dieses Bonmot durchaus zuzutrauen gewesen,
hat er sich doch in seiner Karriere oft als Wortjongleur
unterster Kajüte bewiesen. Und wissen Sie was? Ich, als
Neger, wäre ihm nicht mal böse gewesen deswegen. Ich
hätte meine strahlend weißen Zähne gebleckt und herz-
lich gelacht. Wie ein Kind halt. Ist das nicht nett?

**FAKTEN UND VOLKSWISSEN**

In Deutschland leben mit ca. 500.000 (Stand 2009) relativ
wenige Schwarze. 1 Neger kommt auf 270 Weiße und
gefährdet ca. 520 begehrte Arbeitsplätze, z. B. als Minibar-
Schubser und Skilehrer.
Der Neger kann gut singen und tanzen.

Harte Fakten machen Leser betroffen. Noch härter sind
allerdings die Einzelschicksale, die sich aus solchen ver-
meintlichen Fakten ergeben. Meines zum Beispiel.

Sie kennen das aus dem Werbefernsehen. Wenn jemand will, dass Sie den Regenwald schützen, zeigt er Ihnen keine verstörenden Filmchen über Anakondas und Käferlarven, die um ihren Lebensraum ringen, sondern lieber ein Orang-Utan-Baby mit tellergroßen, traurigen Augen. So ein kleiner Menschenaffe kommt nämlich wesentlich besser und schützenswerter beim Publikum an als ein hässliches Insekt. Notfalls gehen auch Robbenbabys.

Gehen wir nun also stufenlos in den Betroffenheitsteil dieses Vorworts über, der von einigen bestimmt schon heiß ersehnt wurde, anderen hingegen eher überlesenswert erscheinen mag. Die zweite Gruppe möchte ich allerdings dringend ermahnen: Besser genau lesen, das kommt alles im Test dran.

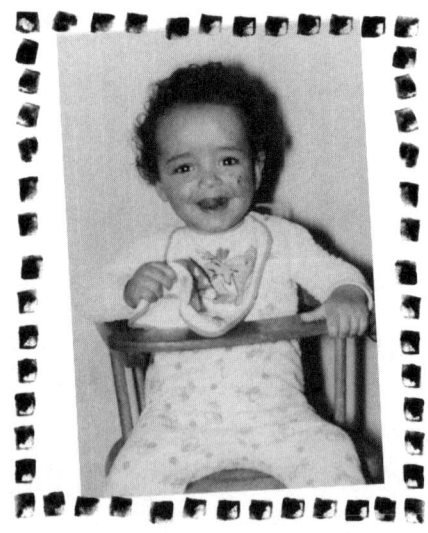

© privat

Marius ganz jung (ca. 1966)

## 2. Der kleine Bastard Freitag

Im Jahre 1965 war Deutschland ein kritischer Patient. Erst vier Jahre zuvor war die Mauer erbaut worden, das Land war sozusagen ein Frischoperierter, mitten im kalten Krieg, und seine Genesung ging nur langsam voran. Es gab Rückfälle, politische Wirren, aber die Welt rüttelte den Patienten nicht unsanft auf, nein, man hätschelte ihn und verwöhnte ihn, verschaffte ihm Ablenkung – und ließ ihn vor allem deutsch sein.

Wenn der reifere Durchschnittsdeutsche an dieses Jahr zurückdenkt, erinnert er sich vielleicht daran, dass Winston Churchill starb, an das Attentat auf den Schah von Persien, oder, wenn er ehrlich ist, vor allem an den Beginn der großartigen Karriere von Mireille Matthieu. Bob Dylan, der 1965 ebenfalls den Durchbruch schaffte, war den meisten Deutschen damals eher unheimlich. Und vor allem weit, weit weg. Fast soweit wie Malcolm X, der in diesem Jahr ermordet wurde.

In diesem Jahr wurde auch ein Kind geboren, mitten in Deutschland, im verschlafenen Trier, nahe bei den Hirten auf dem Felde. Bei diesem Neugeborenen wusste man sofort, dass es etwas ganz, ganz Besonderes sei, denn es hatte dunkles, krauses Haar und bezaubernde dunkle Augen, die perfekt zu seiner milchkaffeefarbenen Haut passten. Seine Eltern aber waren so weiß wie die Krankenhauswände.

Dieses Kind war ich.

Leider konnte ich meinen Status als Wunderkind niemals genießen, denn das Staunen über mein bezauberndes Äußeres hatte bald ein Ende. Es wurde abgelöst durch Argwohn, Häme und offene Feindseligkeit gegenüber meinen Eltern. Zum Glück bekam ich davon in den ersten Lebensjahren nichts mit, und auch meine Eltern lernten, damit umzugehen: Sie ignorierten es. Um sich selbst zu schützen, blendeten sie alles aus und hofften vielleicht auf ein zweites und drittes Wunder: Zum einen, dass die Leute aufhören würden, mich anzuglotzen, und zum anderen, dass ich nie sprechen lernen und Fragen stellen würde. Oder ersatzweise, dass die Farbe mit ausreichend Wannenbädern noch rausgehen würde.

Natürlich begann ich irgendwann, mich zurückzuwundern. Meine Eltern aber blieben verschlossen. Wie soll man einem Sechsjährigen auch schonend beibringen, dass er das Ergebnis eines Fehltritts ist? Ganz zu schweigen davon, dass man einem Sechsjährigen zuvor noch die Bedeutung des Wortes »Fehltritt« erklären müsste. Unvorstellbar.

Also lernte ich, wie jedes Kind, von meinen Eltern: Ich wurde ebensogut in der Kunst des Ausblendens wie sie. Wahrscheinlich sogar besser, denn während sie die Dinge einfach totschwiegen, konnte ich mir eine Parallelwelt aufbauen. Und hatte bald eine wirklich gute Geschichte parat, die mein Aussehen logisch erklärte:

»Es ist nämlich so: Mein Opa, also der Vater meiner Mutter, der war Lokomotivführer. Und er war ein Schwarzer. Meine Oma war weiß, und sie haben ein ganz weißes Kind bekommen, meine Mutter. Aber das Schwarz von meinem Opa hat sich nur in ihrem Körper versteckt und ist erst wieder dagewesen, als sie ein Kind bekommen hat.

So war das bei mir. Ich bin schwarz, wie mein Lokomotivführeropa.«

Abgesehen von den sensationellen biologischen Kennt-
nissen eines Sechsjährigen bleibt auch nach dieser Entste-
hungsgeschichte eine brennende Frage: ein Lokomotivführer? Natürlich ein Lokomotivführer!

Seit ich denken kann, bin ich großer Jim-Knopf-Fan.
Natürlich waren alle Kinder damals Jim-Knopf-Fans, aber
für mich hatte dieses Buch eine völlig andere Ebene: Jim
war der einzige andere schwarze Junge, den ich kannte.
Und er erlebte Abenteuer. Er war cool. Schon weil er einen
coolen, älteren Kumpel hatte, der Lokomotivführer war.
Da mir unbewusst durchaus klar war, dass der Lokomotivführer Lukas einen nicht unwesentlichen Anteil
an der Coolness von Jim Knopf hatte, musste ich meine
Geschichte ausbauen, mich sozusagen nach allen Seiten
absichern:

»Leider ist der Lokomotivführer-Opa vor meiner Geburt
gestorben. Sonst wäre ich auch mal mit ihm in der Lok
gefahren. Das ist ja wohl völlig klar. Mein Opa ist überall
hingefahren. Frankreich, Belgien, Holland, eben überall-
hin.«

Ja, mein schwarzer Lokomotivführer-Opa hatte die
ganze Welt gesehen, vielleicht sogar Luxemburg und
Lummerland. Zu traurig, dass es ihn nie gegeben hatte.
Aber ich hatte ihn schon aus dem Grunde erfinden müssen, weil mein echter Opa alles andere als vorzeigbar war.
Der echte Vater meiner Mutter war in den Dreißigern und
Vierzigern Nazi gewesen. Also etwas ganz Seltenes. Selbst
in den frühen Siebzigern in Trier war jedem Kind klar,
dass man mit einem solchen Opa nicht hausieren ging.

Mein erfundener Lokomotivführer beschützte mich lange Zeit. Blicke, die meine Mutter trafen, wenn sie mit ihrem farbigen Kind spazierenging, nahm ich nicht wahr. Halblaute Diskussionen, wer der kleine Bastard wohl sei, bekam ich nicht mit. Ich war in meinem Lummerland unterwegs, zusammen mit dem Lokomotivführer erlebte ich die größten Abenteuer, die bekanntlich immer im Kopf stattfinden.

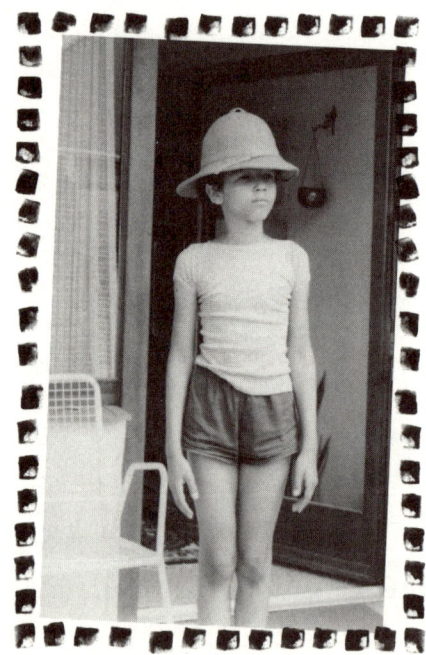

© privat

Marius bereit zur
großen Inselrundfahrt (ca. 1971)

Meine Eltern hielten sich tapfer. Mein Vater, und damit meine ich den Mann, der mich aufgezogen hat, bewundere ich. Zu dieser Zeit ein farbiges Kind im Arm zu halten war eine Heldentat, kein Motiv für ein kitschiges Poster im Mädchenzimmer. Und er hat mich geliebt. Bevor nun aus dem Off die schwülstigen Geigen erklingen, lassen wir die Gefühlsduselei und wenden uns praktischen Dingen zu.

## 3. Neger und Gespräche

**Besuch im Krankenhaus:**

Es gibt einen guten Grund dafür, dass ich kein Arzt geworden bin. Das viele Geld und das gesellschaftliche Ansehen haben mich noch am wenigsten geschreckt, auch eine unleserliche Sauklaue, wie man sie meist auf den Rezepten findet, hätte ich mit links hinbekommen, aber neben der Abinote stand vor allem ein Hindernis unüberwindbar zwischen mir und einem Medizinstudium: Ich mag keine Krankenhäuser.

Der Geruch von Desinfektionsmitteln gibt mir keinen Kick, und die meist kühle Atmosphäre bedrückt mich. Die Patienten wirken oft krank, und das Personal ist nicht halb so attraktiv wie in Emergency Room.

Deshalb bringe ich gerne bunte Blumen mit, um den Räumen zumindest etwas Farbe zu verleihen. Bei meinem letzten Besuch in der chirurgischen Station musste ich allerdings feststellen, dass ich mir den Strauß Sonnenblumen auch hätte sparen können. Mein Erscheinen allein genügte, um ein bisschen Kirmesstimmung zu verbreiten.

Die liebe Freundin, die ich aufsuchen wollte, Petra, hatte sich das Bein gebrochen, und zwar so unglücklich und spontan, dass sie es nicht hingekriegt hatte, vor dem Hinfallen noch in die private Krankenkasse zu wechseln. Sie weilte also in einem vollbelegtem Dreibettzimmer, und als ich durch die Tür trat, begrüßte sie mich mit leisem Schnarchen.

Meine gute Kinderstube verlangte natürlich, die Schlafende nicht zu wecken und stattdessen die übrigen, sowohl wachen als auch wachsamen Anwesenden zu begrüßen. Es handelte sich um zwei ältere Damen, die aufrecht wie zwei hungrige Vampire kurz nach Sonnenuntergang in ihren Betten saßen, sobald sie meiner gewahr wurden. Misstrauisch schauten sie in meine Richtung und würdigten mein »Guten Tag« mit keinem Wort. Sie tauschten Blicke – und begutachteten mich erneut.

Aufgrund meiner Kleidung – Jeans und Kapuzen-Shirt – schätzten sie blitzschnell ein, dass ich trotz meiner Service-Hautfarbe weder zum Personal gehörte noch essbar war. Große Enttäuschung, gepaart mit noch größerer Ratlosigkeit spiegelte sich hinter vier dicken Brillengläsern. In Ermangelung einer weißen Flagge winkte ich den Greisinnen mit dem Blumenstrauß zu, um mich auf diese Weise als harmloser Besucher auszuweisen.

Sie starrten mich weiter an, wortlos. Nun, ich erkenne ein gespanntes Publikum, wenn ich auf dem Präsentierteller stehe, also versuchte ich es mit einer lockeren Standaderöffnung: »Hallo, die Damen!«

Das Eis war gebrochen. Zwar sparten die Ladys mit Applaus, aber immerhin horchte die eine von ihnen mit lauter Stimme nach: »Guten Tag, kann ich Ihnen helfen?« Mit jedem Wort, das sie sprach, schwoll ihre Stimme an, als sie bei »helfen« angelangt war, klang sie wie eine Sirene, und Petra wachte auf. Meine Freundin sah mich erschrocken an, ich zuckte hilflos mit den Schultern. Ich wusste auch nicht, weshalb ihre Zimmergenossin den Fliegeralarm imitierte.

War sie etwa sauer auf mich? Hätte ich ihr auch Blumen mitbringen sollen? Hätte ich mich mit einer solideren Entwarnung vorstellen sollen, etwa so: »Ich grüße Sie und versichere Ihnen, dass keine Gefahr von mir ausgeht. Ich möchte lediglich Ihre Zimmernachbarin besuchen.«

Aber mir wurde schnell klar, dass das Golden Girl nicht böse auf mich war. Sie sorgte sich schlicht, dass der Neger ihre Worte nicht verstehen könnte und bediente sich deshalb ihrer ganz eigenen Laut-Sprache.

Ebenfalls alarmiert, schaltete sich nun die andere Dame ein. Sie wollte beruhigen, was aber schon an ihrer fast ebenso schrillen Stimme scheiterte:

»Ich glaube, der Mann spricht unsere Sprache.«

Ich war erleichtert: Es schien sie nicht zu stören, dass ich im Raum war, während sie über mich sprach.

»Dem ist wohl so«, bestätigte ich, leicht pikiert über den fehlenden Respekt. »Mensch, der spricht ja richtig gut Deutsch«, bemerkte die Lautsprecherin, sah aber leider davon ab, mir zur Belohnung eine Erdnuss hinzuwerfen.

Ich fand mich damit ab, dass ich den Aufstieg vom Gesprächsthema zum Gesprächsteilnehmer nicht geschafft hatte, und langte auf Petras Nachttisch nach koffeinfreiem Kaffee und zuckerfreien Keksen. Meine höfliche Frage: »Darf ich Ihnen etwas anbieten?« dürfte man auch im übernächsten Zimmer gehört haben. Wusste ich denn, ob die alten Damen Zimmerlautstärke verstanden?

Jedenfalls erwiesen sie sich als erstaunlich gelenkig. Nachdem sie beide einen synchronen Satz in die Höhe vollführt hatten, drehten sie sich beleidigt zur Wandseite, weg von mir, dem guten Koffeinfreien und dem Keksersatz. Petra musste grinsen, und als ich ihr mit ernster Miene mitteilte: »Hallo Petra, ich habe zwar heute keinen

Dienst, aber ich dachte, ich schau einfach mal bei dir rein und gucke, dass die Kollegen auch den Gips richtig angelegt haben«, da war mir, als schwiegen die beiden Seniorinnen so still und andächtig, wie sie es sonst nur sind, wenn die Sachsenklinik im Fernsehen läuft. Ich lächelte gütig, während Petra mir einen Vogel zeigte. Ruhe ist das Wichtigste für Genesende. Und für Besucher. Um das zu wissen, muss man kein Arzt sein.

Ebony vs. Ivory. Weiß beginnt.

### ÜBUNG 1 KONVERSATION MIT DEM NEGER

Nach der Lektüre dieser kleinen Anekdote ist Ihnen hoffentlich bewusst geworden, dass im Umgang mit Negern überall Gefahren lauern – nicht nur im Krankenhaus. Ganz wichtig ist es aber nun, nicht einfach davonzulaufen, wenn Sie des schwarzen Mannes ansichtig werden, sondern sich ihm mutig und völkerverständigend entgegenzustellen. Hier lernen Sie, wie – und wie besser nicht.

Im ersten Übungsteil wollen wir die Grundlagen der Begrüßung und des Gesprächs mit Negern erlernen oder verbessern. Zunächst sei festgehalten: Falls der Neger unserer Sprache nicht mächtig ist, nutzt es nichts, lauter zu sprechen. Durch lautes Sprechen wird das Verständnis fremder Vokabeln *nicht* erhöht. Würde dieses Prinzip funktionieren, müssten wir zwar keine Fremdsprachen erlernen, aber es wäre unangenehm laut auf dieser Welt, und das Leben gliche einer ewigen Techno-Party ohne Drogen, wäre also vergeudet.

AUSNAHME Lautes Sprechen erhöht dann die Verständlichkeit, wenn Ihr Gegenüber schlecht hört. Insbesondere bei betagten Negern (z. B. Onkel Tom, Roberto Blanco) kann dies vorkommen.

Kommen wir also zunächst zur klassischen Begrüßung:

*»Hallo, mein Name ist ... Wie heißen Sie?«*

oder auch förmlicher:

*»Guten Tag, mein Name ist ...«*

WICHTIG Hier besteht kein Unterschied zur Begrüßung von Weißen. Auch der Neger kennt das Konzept von Tag und Nacht und freut sich, wenn man ihm einen guten Tag wünscht, in den er dann sorglos hineinleben kann.

ACHTUNG, FALLE! Begrüßungsformeln wie »*Was wollen Sie hier?*« (bei gleichzeitigem In-Sicherheit-Bringen von Portemonnaie und Wertsachen) oder »*Die Putzmaterialien stehen im Besenschrank*« können das Gespräch von Anfang an belasten.

Sprechen Sie nun die Begrüßungsformel nach und setzen Sie dabei Ihren Namen ein.

Und schon ist ein natürlicher Gesprächseinstieg geschafft.

Bemerken sie ein Unverständnis auf der Gegenseite, hilft eine Frage:

»*Sprechen Sie Deutsch?*«

TIPP: Vermeiden Sie Formulierungen wie: »*Sprechen Sie etwa kein Deutsch?*«

Diese Frage nimmt dem Gespräch die Freundlichkeit.

Sollten Sie anderer Sprachen mächtig sein, können Sie das Gespräch auch frisch und kosmopolitisch angehen, indem Sie die Kenntnis dieser anderen Sprachen abfragen. Hier ein paar Beispiele:

»*Do you speak English?*«

oder auch

»*Parlez-vous français?*«

Oder ganz weltoffen

*»Uga Uga?«*

Haben Sie alle Sprachen abgefragt und nur Schulterzu-
cken geerntet, helfen nur noch Zeichensprache oder das
Malen von Bildern. Sollten weder Stift noch Papier (bzw.
nach Schiffbruch, Flugzeugabsturz etc. Sandstrand und
Stock) vorhanden sein, kann das Gespräch bereits hier
etwas ins Stocken geraten. Überbrücken Sie die Situation
mit dem Darreichen von Speisen und Getränken. Das zeigt
Ihre Gastfreundlichkeit. Auf Partys kann man gut einen
starken Drink und ein paar Cocktailwürstchen reichen. Die
Kombination passt immer. Es sei denn, der farbige
Mitbürger ist Moslem.

Nehmen wir jetzt an, Sie sprechen dieselbe Sprache. Nach
der Begrüßung gilt es, das Gespräch in Gang zu bringen.
Suchen Sie ein naheliegendes Thema. Das kann sich
beispielsweise durch den Ort ergeben, an dem Sie sich
treffen. Fahren Sie mit der Straßenbahn oder sitzen Sie im
Flugzeug, ist die Frage nach dem Reiseziel eine gute Wahl.
Unnötig zu erwähnen, das sich je nach Transportmittel
einige Fragen als obsolet erweisen (»Fliegen Sie auch nach
Mallorca?«)? Aber wenn Sie im ÖPNV darauf verzichten
können, den ältesten Kalauer der Welt loszulassen
(»Fahren Sie schwarz?«), kommen ganz natürlich viele
spannende Fragen auf:

*»Was machen Sie in ...?«*

»Waren Sie schon mal da?«

»Sind Sie das erste Mal raus aus dem Busch?«

ACHTUNG, FALLE! Formulierungen wie »aus dem Busch« wirken eher negativ.

Besser: »Ach ja, in Deutsch-Südwestafrika soll man ja herrlich Großwild jagen können, da darf man noch einfach draufballern, ohne Waffenschein.«

Noch besser: «Ah, Namibia! Da gibt es ja noch viel zu tun, abgesehen von Safaris, meine ich ...«

Wenn Menschen aufgrund ihres Aussehens offensichtlich einer anderen Ethnie zugeordnet werden können, ist die erste Frage oft die nach der Herkunft. Der Gedanke ist legitim, wird aber gerne von der Angst begleitet, den anderen auf sein Aussehen zu reduzieren. Deshalb:

TIPP: Vermeiden Sie am Anfang des Gesprächs Fragen nach der Herkunft Ihres farbigen Gegenübers. Streuen Sie diese Frage einfach zu einem späteren Zeitpunkt locker ins Gespräch: »Wo Sie gerade sagen zu Hause. Wo ist denn das?«

WICHTIG: Wenn Sie auf diese Weise das Vertrauen eines Negers gewonnen haben, lassen Sie ihm Zeit, auf Ihre Fragen zu antworten, auch wenn Sie noch so wissbegierig sind. Löchern Sie also Ihr Gegenüber nicht direkt mit Fragen wie:

»Hat Ihr Zuhause auch eine Tür? Und Fenster? Wo schläft Ihr Vieh? Und wo Ihre Frauen?«

Nun probieren Sie mal, ein ganzes Gespräch durchzuspielen. Vielleicht finden Sie jemanden, der den Part des Negers übernimmt. Verkleidung oder Schminke machen es amüsanter, sind aber nicht zwingend erforderlich.

SIE: *»Hallo mein Name ist ... Wie heißen Sie?«*

NEGER: *»Mein Name ist Jean Luc.«*

SIE: *»Das ist ein schöner Name. Wohin sind Sie unterwegs? Ich fahre nach ...«*

NEGER: *»Ich fahre nach München.«*

SIE: *»Das ist eine schöne Stadt. Was machen Sie dort?«*

NEGER: *»Ich habe dort beruflich zu tun.«*

SIE: *»Was machen Sie denn beruflich? Lassen Sie mich raten: Trommellehrer?«*

ACHTUNG, FALLE! Stellen Sie keine Vermutungen an!

Versuchen wir es noch einmal:

SIE: *»Was machen Sie denn beruflich?«*

NEGER: *»Ich bin in der Versicherungsbranche.«*

SIE: »*Interessant. Was machen Sie da genau?*«

ACHTUNG, FALLE! Versicherungsleute sollte man nie animieren, über ihren Beruf zu sprechen, egal ob schwarz, weiß, rot oder grün! Sonst haben Sie schneller eine Versicherung gegen Hamsterbisse am Bein, als Sie dieses Wort aussprechen können.

NEGER: »*Ich bin in der Versicherungsbranche.*«

SIE: »*Bleiben Sie über Nacht in München?*«

NEGER: »*Nein. Heute Abend geht es wieder nach Hause.*«

Bemerken Sie, wie locker und entspannt das Gespräch läuft? Und das, ohne dass die Hautfarbe eine Rolle spielt. Hier können Sie nun die oben erwähnte Frage nach der Herkunft anbringen.

SIE: »*Wo Sie gerade sagen »nach Hause« – wo ist denn das?*«

NEGER: »*Ich komme aus dem Schwarzwald.*«

SIE: »*Ah, Schwarzwald, sieht man ja. Kennen Sie Weißensee?*«

ACHTUNG, FALLE! Auch wenn eine witzige Bemerkung in der Luft liegt, sollten Sie es sich verkneifen, diese zu äußern, bevor Sie mit dem Neger auf vertrauterem Fuß stehen. (Dies ist in der Regel der Fall, wenn er Ihnen das erste Mal seine Tochter zum Kauf anbietet.)

Sie sehen: Es wirkt einfach, aber selbst dieses lockere Gespräch hat seine Tücken. Mit etwas Übung kommt ein lockerer Small Talk auf, der Sie einander näherbringt.

© Jenny Egerer

**Gerade bei Handy-Telefonaten ist ein einleitender Small Talk wichtig.**

### Lächeln ist meist eine gute Idee

Das Lächeln bei der Begrüßung und während des Gesprächs ist in jeder Kultur Zeichen von Freundlichkeit und

somit grundsätzlich empfohlen. Auch Neger verstehen
es mühelos. Kommt das Gespräch allerdings auf traurige
Themen wie Armut, Hunger und andere Probleme im
Zusammenhang mit dem Bundeshaushalt, ist es ange-
bracht, dem Gesichtsausdruck eine gewisse Ernsthaftig-
keit zu verleihen.

### Begrüßungsrituale

Zur Begrüßung gibt es unzählige Rituale. Viele Asiaten
berühren sich nicht, sondern verneigen sich mit gefalte-
ten Händen voreinander. So zeigen sie den hohen Respekt
füreinander. In unserem Kulturkreis ist es üblich, dem
anderen die Hand hinzustrecken, um ihm zu zeigen, dass
man keine Bedrohung ist. Dann kommt der Handschlag
zum Zeichen der Verbundenheit.

TIPP: Neger färben auch bei kräftigem Händedruck nicht
ab. Die Innenhandflächen sind zudem hell.

Was den Handschlag zur Begrüßung angeht, gilt die
**Kniggeregel zum Handschlag:**
Im Gegensatz zur verbalen Begrüßung mit einem Gruß-
wort und/oder einem Nicken entscheidet der Ranghöhere
bzw. der Ältere darüber, mit wem er einen Händedruck
austauschen möchte. Darüber hinaus gilt: Der Gastgeber
bietet seinem Gast die Hand zum Gruß.

HINWEIS: Hellere Hautfarbe bedeutet nicht zwingend
einen höheren Rang.

## Einige Begrüßungsrituale
## (erste Hälfte des 20. Jahrhunderts)

| | |
|---|---|
| Händeklatschen | Loango (Afrika, Kongo) |
| Händeklatschen und mit Ellbogen auf Rippen trommeln | Balonda (Afrika, am Sambesi) |
| Hände fassen und die Daumen zusammen-drücken | Wanyika (Afrika) |
| Hände fassen und mit einem Ruck trennen | Nigeria |
| Umarmung | Lateinamerika und andere |
| Mit den Fingern schnalzen | Dahomey (Afrika) |
| Sich gegenseitig die Wangen beriechen und sich mit den Nasen berühren und reiben | Mongolen, Malayen, Birmanen, Lappen |
| Rechte Hand an die Mütze | Deutschland (bis 1918) |
| Rechte Hand schräg nach oben | Deutschland, Österreich (30er-Jahre) |
| Hände an Hosennaht und Verbeugung | Österreich, Deutschland, Argentinien (nach 1945) |
| Hände falten | Indien, Südostasien |

Nach dieser anstrengenden Übung sei Ihnen eine kleine Pause gegönnt. Vielleicht machen Sie sich einen Kaffee (am besten von Ihren eigenen Negern geerntet) und stellen etwas Musik an.

Ach ja, Musik! Sie vereint die Menschen.

Soul und Jazz, Bebop und Rap: Alles von Negern erfunden und vom weißen Mann zu Geld gemacht. Eine wundervolle Symbiose, an der sich Michael Jackson allerdings verhoben hat, als er beides wollte. Ein herber Verlust, aber zum Glück können auch alle anderen Schwarzen singen ...

© Jenny Egerer

© picture alliance/dpa

Leicht zu verwechseln:
Marius Jung (links) und Adel Tawil

# 4. Singen können die alle!

Die Wissenschaft ist heutzutage viel volkstümlicher als früher: Doktortitel sind Glückssache, jeder Hanswurst, der im Anzug einigermaßen smart aussieht, darf im Fernsehen schlaue Fragen von dämlichen Karten ablesen, und auch der Unterhaltungskünstler widmet sich in stillen Momenten gerne weltbewegenden Themen, die immer öfter sogar über die Frage hinausgehen, warum die Zigaretten schon wieder alle sind. Ich selbst genieße beispielsweise gerne einen Cocktail aus Biologie, Psychologie und einem guten Schuss Besserwisserei, wenn ich mich frage: Wie wurden wir zu der Person, die wir sind? Sind es die Gene oder ist es doch die Erziehung? Erhalten wir unsere Talente und Macken also erst durch unsere Sozialisation oder ist alles angeboren?

Spontan würde ich sagen: fifty-fifty, in gewissen Fällen vielleicht auch halbe-halbe. Natürlich hat ein Gelsenkirchener Baby schon qua Geburt einen höheren Anteil blauweißer Blutkörperchen. Aber so richtig zum Schalke-Fan wird es erst, weil seine Eltern es von vornherein in eine gewisse Richtung lenken, indem sie es vielleicht Rüdiger nennen statt Marie-Luise.

Manches ist jedoch ganz und gar naturgegeben, gewisse Dinge liegen eben eindeutig im Blut, zum Beispiel: die Musik. Sie wollen Beweise? Aber sicher doch: Wissenschaftler haben einen Versuch mit Milchvieh gestartet.

In unterschiedlichen Ställen wurden die Kühe Tag und Nacht mit Mozart berieselt, und was geschah? Nicht eine einzige von den dummen Kühen war in der Lage, auch nur das winzigste Menuett zu komponieren, von abendfüllenden Opern ganz zu schweigen. Ja, es genügt eben nicht, nur äußerlich schwarz-bunt zu sein. Soul fließt durch die Adern – oder eben nicht. Musik ist ein Geschenk der Natur, wie man an mir sieht. Und ganz egal, wie sehr meine Umwelt versucht hat, meine Leidenschaft zu ersticken: Mein angeborener Drang und meine Liebe zum Singen waren stets stärker als mein ignorantes Umfeld. Denn musikalische Früherziehung gab es bei uns nicht. Weder pränatales Bedudeln per Kopfhörer am gewölbten Bauch meiner Mutter noch die erste Geige zur Taufe. Nichts.

Und trotzdem – sang ich. Und zwar bereits im Alter von drei Jahren. Ohne Unterlass. Von eigenwilligen Versionen sämtlicher Schlaflieder bis zu sehr verjazzten Improvisationen von Kindergarten- und Weihnachtssongs gab ich alles zum Besten, Tag und Nacht. Ein Kanon war für mich nichs, was man zwingend mehrstimmig singen musste – es reichte mir, ihn ganz alleine und endlos vor mich hin zu jodeln. Bis heute weiß ich nicht, wie meine Eltern diese Dauerbeschallung so lange ausgehalten haben. Vielleicht dachten sie, dass ein ständig singendes Kind wenigstens keine blöden Fragen stellen könne, vielleicht hofften sie, dass mir das Material irgendwann ausgehen würde. Da hätten sie ihre Schallplatten besser verstecken sollen. Aus der kuriosen, wenn auch überschaubaren Sammlung meiner Eltern hatte es mir besonders eine Scheibe mit dem brisanten Titel »Frivolitäten 2« angetan, eine Sammlung frecher Chansons aus der Feder von Hollaender, Tucholsky und Konsorten. Vorgeträllert von Helen Vita und Lale Andersen erhielten diese Liedchen tatsächlich einen Hauch von piefiger Pikanterie. Als ich dann allerdings loslegte, um lauthals zu verkünden: »*In Europa ist alles so groß und in Japan ist alles so klein, tralala!*«, sahen meine Eltern sich gezwungen, die Notbremse zu ziehen: Sie steckten mich in den Blockflötenunterricht. Aber selbst dieses uncoolste aller Instrumente konnte meine Liebe für die Musik nicht brechen. Sobald ich keine Flöte im Mund hatte, sang ich weiter, und ich baute mein Repertoire immer weiter aus. Meine Stimme wurde lauter, die englische Sprache ... nun, die flog mir nicht direkt zu, und ich hatte keine Neigung, ihr wenigstens auf halben Wege entgegenzukommen.

Wehmütig erinnere ich mich an den Tag, an dem ich als schmächtiger Zehnjähriger zur Feldarbeit genötigt wurde, in jenem unerträglich heißen Sommer, in dem die Sonne umbarmherzig auf mich herabbrannte, der Schweiß auf meiner nackten Brust glitzerte und ich ganz allein der gewaltigen, ungezähmten Natur gegenüberstand. Und obwohl meine Kehle fast ausgetrocknet war und ich nach einem Schluck Wasser lechzte, konnte ich nicht anders, als die Ungerechtigkeit dieser Welt herauszuschreien und ein Klagelied anzustimmen, wenn ich die endlosen Reihen von Baumwolle vor mir sah:

»*By the Rivers of Babylon, there we sat down, yeah, ye-ah ...*"

Und kaum waren die ersten Töne erklungen, machte sich Verunsicherung unter den Weißen breit, die sich, wie so oft, in blindem Zorn ausdrückte: »Marius!«, tönte es aus dem Herrenhaus, aber ich hörte nicht auf den Namen, den sie mir gegeben hatten. Mein Name war Kunta-Kinte und ich sang:

*»Yeah – yeah ... yeah ... Babylon«*, weil ich den Text der Strophe nicht beherrschte.

Und mein Aufstand, mein Gesang, veränderte die Welt. Meine Mutter stürmte in den Garten und schrie: »Marius, ich habe dir eben gesagt, du sollst den Rasen mähen, und nicht die Bettlaken abnehmen, die sind doch noch klatschnass ...«

»Mutter, ich ernte Baumwolle, und obwohl die Arbeit hart ist, trage ich stets ein heiteres Liedlein auf den Lippen, ich ...«

»Marius, geh einfach ins Schwimmbad, okay?«

Und so verließ ich den Garten erhobenen Hauptes, als freier Mann, und hob wieder an:

»Lalalala ... Babylon ...«

Meine Mutter schrie mir hinterher: »Und vor allem: Lern endlich vernünftig singen!«

Zu unser beider Erstaunen antwortete ich mit: »Au ja!«

**Marius by the Rivers of Babylon (Belgien)**

Und was taten meine Eltern? Sie kauften mir kein Klavier. Sie schickten mich weder aufs Konservatorium noch zu einer Talentshow. Sie meldeten mich vielmehr bei einem Chor an, besser gesagt: bei *dem* Chor. Die Sängerjugend Siebengebirge, die genau so war, wie sich der Name anhört. Gut möglich, dass meine Eltern diesen Verein gewählt hatten, um ihn in den Katalog der leeren pädagogischen Drohungen von hilflosen Erst-Erziehern aufzunehmen, nach dem Motto. »Du willst nicht brav sein? Dann holt dich der Rübezahl! Du magst nicht schlafen? Warte, bis der Sandmann kommt, und dir den Schlaf in die offenen Augen streut! Du willst weiter singen? Wart's ab, die Sängerjugend Siebengebirge wird dich schon noch erwischen, Bürschchen.«

Doch ihr Plan wurde vereitelt. Ich ging zur Probe, freiwillig und voller Vorfreude. Ich hatte Spaß daran. Wir sangen Volks- und Kirchenlieder, und ich war glücklich

Die Sängerjugend Siebengebirge war es auch, die mich auf das harte Rockstar-Leben vorbereitete. Schon bald gingen wir auf Tour, stilecht im Bandbus – zwar ohne Groupies, aber mit Butterkeksen. Bis nach Belgien sind wir gekommen, wo wir bei einem Festival gegen andere Chöre aus halb Europa antraten. Wir haben sie in Grund und Boden gesungen, und auch, wenn wir uns auf der musikalischen Ebene mit dem 2. Platz zufrieden geben mussten: Optisch waren wir der Killer.

Wir trugen himmelblaue Hemden aus Polyamid, besser gesagt: Wir flutschten in ihnen herum. Sobald man sich in diesen textilen Albtraum hineingezwängt hatte, tropfte man schon den Boden voll. Vom Scheinwerferlicht angestrahlt entfalteten die Biester ihr volles Aroma: Auf der Bühne roch die Sängerjugend Siebengebirge, als ob Ken und Barbie schwitzen könnten. Das Publikum muss schon vollkommen benebelt gewesen sein, als wir nur anstimmten. In Strömen lief die Suppe wie die Rivers of Babylon an uns herunter, hinab in unsere grauen Stretchstoffhosen, deren Herkunft ein Mysterium blieb. Hatten unsere Brüder und Schwestern im Osten diese bösen Beinkleider auf einer FDJ-Freizeit genäht und sie in den Westen geschickt, um zu beweisen, wie unerbittlich der Sozialismus sein konnte? Waren diese Hosen als Nebenprodukt entstanden, als man an einer nuklearen Geheimwaffe bastelte? Bis heute frage ich mich, ob wir bei dem Festival trotz oder wegen unseres Bühnenoutfits ausgezeichnet wurden. Doch nicht einmal diese höchstwahrscheinlich erbgutverändernden Klamotten konnten mich von Singen oder auch nur der Sängerjugend abhalten. Und unsere Beharrlichkeit wurde belohnt. Wir sangen und schwitzten uns bis ins Tonstudio. Ein richtige Plattenaufnahme! Zwölf Stücke! Ein Longplayer! Kurz: Weltruhm!

Im Plattenstudio lag die größte Herausforderung für Chorleiter und Tontechniker dann wahrscheinlich darin, in einem winzigen Aufnahmestudio, das mit 141 Polyesterkindern gefüllt war, nicht sofort zu ersticken. Aber noch heute bilde ich mir gerne ein, dass es mein riesiges Talent und nicht die giftigen Dämpfe waren, das die künstlerische Leitung befehlen ließ: »Vielleicht bauen wir ein paar Soli ein. Hier, du niedliches indisches Mädchen mit den großen Kulleraugen, du singst die Strophe allein, und der süße schwarze Junge, der bekommt auch ein Solo!«

© privat

Aus unerfindlichen Gründen bestand der
Verlag auf einer Schwarz-Weiß-Wiedergabe
des ursprünglich farbenprächtigen Platten-
covers. Rechts oben: ein Hirsch.

So wurde ich zum Auserwählten. Zwölf Jahre alt, gewillt,
die große Bürde zu tragen, bereit, meine Stimme für die
Ewigkeit auf Vinyl pressen zu lassen, geboren, um alleine
die weltbewegenen Zeilen aus dem beliebten Evergreen
»Mein Hut, der hat drei Ecken« zu schmettern.

Was heißt hier Zeilen? Viel eher war es die Essenz des
Songs, die jetzt in meinen Händen beziehungsweise in
meiner Kehle lag. Der Marschbefehl lautete: »Hier, da
singst du einmal ›mein Hut‹. Keine Sorge, wir geben dir
ein Zeichen. Noch Fragen?«

Natürlich schwirrten mir tausend Fragen im Kopf
herum, aber ich stellte keine einzige. Ich ließ mir die Ner-
vosität nicht anmerken, um der Gruppe ein gutes Gefühl
zu geben, obwohl ich im Inneren fast an der Aufgabe zer-
brach: Sollte ich die Betonung eher auf »mein« legen oder

doch lieber auf »Hut«? Einerseits wollte ich sichergehen, dass die Zuhörer ganz klar wussten, wem der verdammte Hut gehörte, und schließlich sang ja auch Frank Sinatra eindeutig »*My* way« statt »my *way*«. Allerdings war es eine größere künstlerische Herausforderung, das Wort »Hut« zu schmettern, als gäbe es kein Morgen. Als ich zitternd vor dem Mikro stand, das indische Mädchen neben mir nur noch ein elendes, stimmloses Bündel war und das Zeichen kam, tat ich es einfach: »... mein Hut!«, intonierte ich fehlerfrei und aus vollem Herzen, und spätestens das überschwängliche Lob des Tonmeisters (»Okay, können wir so nehmen!«) gab mir die letzte Sicherheit: Ich bin Sänger. *Music was my first love and it will be my last.*

Ich war zwölf Jahre alt, und hatte meine erste Platte aufgenommen. Fast ganz alleine. Mir war klar, dass es von diesem Punkt an nur einen Weg für einen Jungen wie mich geben konnte, und der führte direkt – in den Stimmbruch.

Tagelang versuchte ich meinen Zustand zu verheimlichen, aber auch bei der Sängerjugend Siebengebirge fällt es in den Proben irgendwann auf, wenn du nicht singst. Das schlimmste, was du dann machen kannst, ist, doch noch den Mund aufzumachen. Die helle Freude daran, in einem Moment wie Darth Vader und beim nächsten Ton wie Schlumpfine zu klingen, währte nur kurz. Wie alle heranwachsenden Männer wurde ich des Chores verwiesen, denn selbst diesen leicht weltfremden Menschen war klar: »Erst fangen sie an zu krächzen, dann bekommen sie Achselhaare. Wenn sich diese Ausdünstungen mit dem Polyester vermischen, werden wir alle sterben.«

Aber auch dieser herbe Rückschritt konnte meinen Drang zu singen nicht unterdrücken. Tief im Inneren war mir klar, dass sich mein Körper eines Tages für eine Stimme entscheiden würde, und die Chancen, dass es nicht die von Schlumpfine war, standen gar nicht so schlecht. Mein Plan war, Leadsänger in einer berühmten Band zu werden, und meine Vorbereitungen liefen auf Hochtouren. Jeden Tag dachte ich mir bis zu zwanzig Bandnamen aus. Fieberhaft erstellte ich Listen von den Jungs, die gut genug aussahen, um neben mir auf einer Bühne zu stehen, aber nicht besser als ich.

Bis ins Detail plante ich also meine große Showkarriere, ich tat alles – außer vielleicht mal einen der Jungs zu fragen, ob er sich überhaupt vorstellen könne, ein Instrument zu spielen. Mir wurde klar, dass ich mich in Details verfranst hatte. Zwar hatte ich es nicht versäumt, sämtliche Platten der Beatles und der Bee Gees live in die Spülbürste einzusingen, aber meine Liebe zur Musik brauchte mehr als diese blumigen Versprechen. Sie verlangte nach einem Nährboden, einer soliden Ausbildung, sie wartete auf ein Zeichen meiner totalen Hingabe.

Ein großes Talent und ein so gut wie auskurierter Stimmbruch reichten nicht mehr aus, wenn ich Erfolg haben wollte. Ich war schließlich vierzehn und somit alt genug, so lange rumzujaulen, bis mir meine Eltern eine Westerngitarre schenkten.

Sie war einzigartig. Meine Gitarre war für sich schon ein Schmuckstück, aber wenn sie dort an der Wand in meinem Jugendzimmer hing, war sie geradezu anbetungswürdig. Nicht nur in ihrer Farbgebung passte sie sich perfekt dem schmuddeligen Grünbraun meines Zimmers an, nein, es war viel eher so, als würde der ganze Dreck, der auf meinem Teppich vor sich hin schimmelte, durch ihren Glanz in einem ganz anderen Licht erstrahlen. Wie hätte ich meine Gitarre für längere Zeit von der Wand, von ihrem Thron holen können, ohne ihren Zauber zu brechen? Natürlich streichelte ich jeden Abend ihre Saiten, kraulte sie versunken, aber die Idee, tatsächlich auf ihr zu üben, schien mir zunächst absurd. Ich wollte keine Akkorde lernen, ich wollte Konzerte geben. Warum sollte ich mich mit stupiden Wiederholungen und grauer Theorie abgeben? Ich war der Junge, der »mein Hut« gesungen hatte!

Ich war davon überzeugt, dass mir das Gitarrenspiel genauso zufliegen würde, wie mir der Gesang in die Wiege gelegt worden war. Zum Entsetzen meiner Eltern sollte sich diese Theorie bestätigen. Nach dem Motto »Steter Tropfen höhlt den Stein« begann ich, meiner Gitarre behutsam zu erklären, was von ihr erwartet wurde. Tatsächlich nahm ich sie immer öfter von der Wand und zeigte ihr die Welt. In der Küche zupfte ich sie leise, das Wohnzimmer war der Akrobatik vorbehalten, und nach endlosen Sitzungen auf der Toilette verlor sie endlich ihre Scheu: Ich entlockte ihr einen Akkord. Nach wenigen Monaten erwischte ich einen zweiten, nach nur einem Jahr stand uns die Welt offen: Meine Gitarre und ich hatten das Rüstzeug zur Hand, um Mädchen zu erobern und die Geschichte der Popmusik neu zu schreiben: drei Akkorde. Und wie alle Menschen, die einen Traum haben, die ohne Musik nicht leben können, wusste ich: »Irgendwann kommt der Tag, an dem ich herausfinde, wie ich das Biest stimme.«

Denn die Musik liegt mir einfach im Blut. Talent vergeht nicht. Ich bin der Soul-Man. Und mein Hut hat drei Ecken. Ich kann warten.

Letztendlich bin ich aber doch sehr froh, dass ich eines Tages wieder von der Toilette aufgestanden bin, wieder die Schule besuchte und neben dem Singen noch ein paar wundervolle andere Dinge entdeckte, die das Leben für mich bereithielt. Zum Beispiel einen großartigen Gitarristen, der seine Arbeit auf der Bühne ziemlich gut macht – für einen Weißen, natürlich.

Sie merken: Viele Probleme im Umgang mit Schwarzen würden gar nicht erst entstehen, wenn man den Neger einfach singen ließe. Aber natürlich ist unsere Gesellschaft eine bürokratische, altmodische und unflexible, daher werden hier alle zur Schule geschickt, bis sie gelernt haben, Arbeitslosengeld zu beantragen. Auch Schwarze. Und natürlich versucht der farbige Jüngling aufzubegehren, und er wird alles tun, um möglichst wenig zu tun. Klar habe auch ich in der Selbstfindungsphase versucht, die Rassismuskarte zu spielen. Leider waren mir die Spielregeln damals aber noch unbekannt. Näheres in Kapitel 6. Aber zuvor müssen noch einige terminologische Fragen geklärt werden.

# 5. Wie sagt man jetzt nochmal zu Negern?

## Über Wörter, Begriffe und Haltungen

Wie benenne ich eine Schwarze oder einen Schwarzen? Spätestens, um diese Frage zu formulieren, hätte ich mich entscheiden müssen. Hab ich aber zum Glück schon seit Längerem. Nach langer, intensiver Auseinandersetzung habe ich mich in meinem Sprachgebrauch für »Schwarzer« entschieden. Nicht so sehr, weil ich damit bei Feministinnen punkten kann, sondern weil ich den Begriff o. k. und nicht per se diskriminierend finde.

Mir tun immer die Radiomoderatoren leid, die ein Interview mit mir führen – und irgendwann merken, dass sie den Hörern mitteilen müssen, wie ich aussehe, weil meine Hautfarbe Thema des folgenden Interviewteils sein soll. Dann bricht ihnen erkennbar der kalte Schweiß aus, weil sie merken, dass sie keinen Schritt mehr tun können, ohne in eines der Fettnäpfchen zu treten, die die Political Correctness dicht an dicht aufgestellt hat. Sie wissen schlicht nicht, welche Formulierung »erlaubt« ist und ob sie meine Hautfarbe überhaupt zum Thema machen dürfen.

Dabei ist es doch das Normalste der Welt, das Aussehen eines Menschen zu beschreiben und zu benennen, wenn man mit ihm darüber sprechen will oder es für das Verständnis des Gesprächs wichtig ist. Über einen Querschnittsgelähmten wird man doch auch sagen, dass er im Rollstuhl sitzt, wenn es um seine Behinderung geht. Wenn man mit Wolfgang Schäuble über den Euro spricht, kann man sich die Info hingegen sparen. (Außer man fragt, ob er den Rolli von der Steuer absetzt.)

Die Auseinandersetzung um den politisch korrekten Ausdruck für meinesgleichen hat in ihrer absoluten Humorlosigkeit urkomische Züge. Dabei gibt es natürlich Begriffe, die in diskriminierender Absicht geprägt wurden oder heute so verwendet werden. Wörter wie »Bimbo«, »Kaffer«, »Buschmann« oder »Nigger« zu verwenden, drückt eine eindeutige Haltung aus. Auch das Wort »Neger« ist inzwischen verpönt, was zumindest jeder Erwachsene und sogar der Duden weiß. Da hilft es auch nichts, dass das Wort eigentlich nur »Schwarzer« bedeutet.

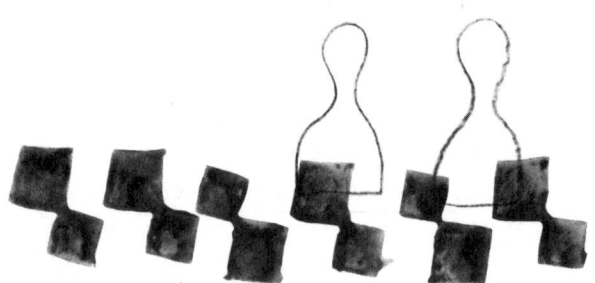

## DER MOHR HAT SEINE ARBEIT GETAN,
## DER MOHR KANN GEHEN[1]

Wir finden ihn lediglich noch als Wappenfigur oder ehemalige Werbefigur. So gibt es den Freisinger Mohren. Warum allerdings auf dem Wappenschild von Bischof Emicho (1283–1311) von Freising ein Mohr auftaucht, konnte mir bislang keiner erklären. Auch Coburg hat das Bild eines Mohren als Wappen. Hier handelt es sich um den berühmtesten Thebäer: Mauritius oder Moritz. Sein Geburtsort soll Theben in Ägypten gewesen sein. Dort wurde er Anführer der römischen 22. Legion, die sich im dritten nachchristlichen Jahrhundert geweigert haben soll, Christen zu verfolgen. Seine komplette Armee von 6600 Mann starb den Märtyrertod. Er wird schon seit dem 4. Jahrhundert verehrt. Über seinen 380 n. Chr. aufgefundenen Gebeinen wurden eine Kirche und ein Kloster gebaut. Der Heilige wurde 888 Schutzheiliger des Burgund. Schön zu sehen, dass es auch historische Geschichten gibt, die keinen diskriminierenden Hintergrund haben.

Allerdings musste Coburg während der Naziherrschaft das Wappenbild des Mohren durch Schwerter ersetzen. Nach dem Krieg wurde das alte Wappenbild wieder eingesetzt.

Auch in der Werbung finden wir Mohren. Seit den 1920er-Jahren wurde eine Schokolade mit dem berühmten Sarottimohr beworben. Nachdem in den 60er-Jahren die erste Diskussion über eine mögliche diskriminierende Wirkung dieser Werbefigur aufkam und Stollwerck die Firma 1998 übernahm, dachte man sich 2004, es sei wohl Zeit, die Produktreihe vom Markt zu nehmen, um sich nicht länger dem Vorwurf des Rassismus auszusetzen. Das nenne ich mal 'ne prompte Reaktion.

Als Kind wollte ich immer eine Sarottimohr-Figur haben. Ohne einen Gedanken an einen verwerflichen historischen Zusammenhang fand ich diese Werbefigur einfach schön.

[1] Aus Friedrich Schillers »Die Verschwörung des Fiesco zu Genua« (Die häufig zitierte Version mit »Schuldigkeit« ist eine spätere Verfälschung des Zitats.)

Bei anderen Begriffen wird es schon komplizierter und geschraubter, wenn ihr rassistischer Charakter erklärt werden soll. (Kleiner haben's die PC-Prediger ja nie – es geht immer gleich um Rassismus und Völkermord.) Der gute alte »Mohr« (siehe Kasten S. 47) klingt eigentlich eher veraltet als verächtlich. Und er wird heute eigentlich nur noch ironisierend verwendet. Aber da Ironie die politisch Korrekten komplett überfordert, verweisen sie – durchaus mit Recht – darauf, dass dieses Wort in einer Zeit verwendet wurde, die Schwarze nicht als gleichwertig ansah. Und in der Kolonialzeit wurde es eindeutig rassistisch verwendet. Also tabu.

Und die »Farbigen«? Der Begriff wird von vielen schwarzen Menschen als rassistisch oder unpassend abgelehnt, weil er von Weißen geprägt wurde. Hmmm. Der moralische Wert eines Worts hängt von der Hautfarbe derer ab, die es verwenden? Ist das nicht irgendwie rass... Ach kommt, lasst die Kirche im Dorf! Dieselbe Komplikation gibt es übrigens auch bei »dunkelhäutig«. Eigentlich ein recht neutral beschreibender Begriff, aber eben von Weißen geprägt.

Neuerdings kommt bei den politisch Korrekten auch in Deutschland der vor über 200 Jahren in den USA geprägte Begriff »POC« in Mode. Das steht für »People of Colour«. Zu Deutsch: Farbige Menschen. So schnell kann's gehen – gestern noch pfui und heute die totale politisch korrekte Avantgarde. Und wenn ich das Kunst- und Kurzwort »POC« ausspreche, klingt es, als klopfte ich mir mit dem Finger an die Stirn: Pock, Pock, Pock.

Ähnlich lustig ist es mit dem Wort »maximalpigmentiert.« Recherchiert man im Netz, stellt man schnell fest, dass kein Mensch durchblickt, ob das ein ernst gemeinter Begriff ist – oder ein genialer satirischer Coup, über den sein Erfinder sich seither kaputtlacht. Besser kann man den Blödsinn der Political Correctness nicht auf den Punkt bringen: Zum eigentlichen Sinn und Charakter der Begriffe dringt kein Mensch mehr vor. Ich möchte so jedenfalls nicht genannt werden – erst recht nicht aus gutem Willen.

© Jenny Egerer

**21 Prozent der Deutschen trinken ihren Kaffee am liebsten schwarz.**

So richtig komisch wird es, wenn die politisch Korrekten feierlich zu ihrer hochfliegenden, stets feuilletontauglichen Kritik ansetzen – und dann auf Intelligenzbolzen wie

Dieter Eckert und Josef Berger treffen. Was war geschehen? Im Vorfeld des Karnevals 2012 hatten Moralwächter
die jahrhundertalten Namen von Kölner Karnevalsverei-
nen sowie die Kostümierung von als »Mohren« verklei-
deten weißen Karnevalisten angeprangert. Der Verein
»Höhenberger Dschungel-Neger« hätte nun relativ locker
darauf verweisen können, dass die klischeehafte und
absichtlich historisierende und karikierende Darstellung
von Bevölkerungsgruppen geradezu ein Wesensmerkmal
des Karnevals ist – egal ob es um Politiker, Industrielle,
Frauen, Männer, Chinesen, Bayern oder Afrikaner geht.
Schließlich entstand der neuzeitliche Kölner Karneval
vermutlich aus der Verhohnepiepelung napoleonischer
Soldaten und ihrer uniformierten Aufmärsche. Was aber
sprachen die aufgescheuchten Vereinsmitglieder?

»Wir sind ein Traditionsverein. Das hat doch nix mit
Diskriminierung zu tun.«[1] (Dieter Eckert)

Wir lernen: Was mit Tradition zu tun hat, kann gar
nicht rassistisch sein. Wie schon die Traditionalisten des
Ku-Klux-Klan beweisen. Und Vereinskollege Josef Berger
schoss dann endgültig den Vogel ab mit folgender Bemerkung: »Unsere Gruppe gibt es seit 1967. Damals gab es
noch gar keine Diskriminierung.«[1] Stimmt. Diskriminierung ist erst so um 1975 beim Patentamt angemeldet worden. Vorher war allet jot. Kölle alaaf!

Meine Freunde nennen mich übrigens »Mokkatässchen«.
Find ich süß. Weil ich weiß, dass sie keine Rassisten sind.
Nur darauf kommt es an.

---

[1] Beide Zitate: Kölner Stadtanzeiger vom 14.2.2012

# 6. Herr Parker, das schwarze Schaf und der böse Wolf

Als Fünfzehnjähriger unterschied ich mich kaum von Gleichaltrigen: Ich hatte einen Vollzeitjob (Pubertieren) und in meiner knapp bemessenen Freizeit zugleich jede Menge lästige Pflichten zu erfüllen, wie etwa Herumlümmeln, Nahrungsaufnahme und die Revolution zu planen. Bis heute frage ich mich, welcher Stratege sich ausgedacht hat, dass Teenager in diesem Zeitraum auch noch zu einem Schulbesuch genötigt werden.

Dieses System kann man nur halbwegs unbeschadet überleben, wenn man es konsequent jeden zweiten Tag versäumt, seine Hausaufgaben zu erledigen.

Allerdings versagt der Durchschnittsschüler auch hier meist kläglich, weil er sich zu früh auf ein bestimmtes Themengebiet festlegt. Und so beschloss auch ich, das Erlernen der englischen Sprache komplett zu vermeiden – anstatt in allen Fächern nur ab und zu etwas zu vergessen.

Ohne mich jetzt in die Reihen jener Eltern einordnen zu wollen, die ihr Kind für hochbegabt und unterfordert halten, nur weil es unwahrscheinlich desinteressiert oder einfach stinkfaul ist, möchte ich mich doch deren Lieblingsausspruchs bedienen, nämlich: »Es liegt ja auch viel am Lehrer.«

Natürlich lag es viel am Lehrer, in meinem speziellen Fall. Herr Parker, unser Englischlehrer, war ein Haudegen der alten Schule, ein ebenso strenger wie muffliger Typ. Zu Deutsch: Er war älter als fünfzehn, verfügte weder über lange blonde Haare noch über neugierig hervorstehende Brüste, was seine Chancen auf Beliebtheit beim gesamten männlichen Teil meiner Klasse auf ein unterirdisches Niveau senkte. Statt diesem Manko entgegenzuwirken, indem er etwa Bonbons verteilte oder uns Horrorfilme schauen ließ, legte er noch einen Zahn zu: Er verteilte eiskalt ein»Ungenügend«, wenn er feststellte, dass jemand wiederholt seine Hausaufgaben nicht gemacht hatte.

An dem Tag, an dem er mich erwischte, beschloss ich, sein unbarmherziges Regime zu stürzen. David gegen Goliath, in der fünften Stunde, und der grausame Riese arbeitete mir unabsichtlich zu:

»Marius, ich schreibe dir jetzt eine Sechs auf«, sagte er hämisch, und ich spürte, wie mir das Mitleid der gesamten Klasse entgegenströmte. Dadurch ermutigt lud ich meine verbale Steinschleuder mit einem kleinen Kiesel, eben der üblichen Antwort auf so einen Angriff. »Menno, warum?« wollte ich schon leise nuscheln, aber da überspannte Herr Parker den Bogen: »Und außerdem bekommst du einen Eintrag ins Klassenbuch, es reicht mir jetzt.«

In meinem Kopf ließ ich den Kiesel fallen. Und griff nach dem Felsbrocken. Ich spannte blitzschnell ein und feuerte ihn ab: »Das machen Sie nur, weil ich ein Farbiger bin!«

Ich hatte zum ersten Mal in meinem Leben die Rassismus-Keule geschwungen, und, wie ich meinte, einen Volltreffer erzielt. Absolute Stille herrschte auf dem Schlachtfeld, die Klasse hielt den Atem an, gespannt erwartend, ob ich den Aggressor getötet oder nur schwer verwundet hatte. Letzteres war der Fall. Herrn Parkers Gesicht war puterrot angeschwollen, er rang nach Luft, sein ganzer Körper bestand aus: Empörung.

Allmählich kroch der Verdacht in mir hoch, dass ich etwas sehr, sehr Dummes getan haben könnte. Ich war nicht der Held, der sein Volk aus der Unterdrückung befreite. Um genau zu sein, hatte sich mein Volk größtenteils unter seinen Tischen verkrümelt, und in den Blicken derer, die mutig an der Oberfläche verharrten, sah ich keine Zustimmung, sondern Fassungslosigkeit und Ekel. Ich hatte keinen Befreiungsschlag ausgeführt. Ich hatte eine Atombombe über einem Unschuldigen abgeworfen. Die Zeit schien stillzustehen.

Meine Ahnung wurde bestätigt. Herr Parker schien innerlich zu verglühen. Als er endlich die Sprache wiederfand, brüllte er:

»So etwas habe ich noch nie erlebt!«

Seine Stimme überschlug sich, der sonst so sonore Klang war zu einem hohen Krächzen geworden. Dieser unvermutete Stimmbruch brachte ihm zusätzliche Sympathien bei meinen Mitschülern ein. Ich wäre am liebsten im Erdboden versunken.

»Was bildest du dir eigentlich ein, Marius?«, dröhnte Herr Parker weiter, und wenn ich fähig gewesen wäre, ihm zu antworten, hätte ich wahrscheinlich hervorgepresst:

»Hoffentlich das alles hier.«

Die Situation im Klassenraum war unwirklich genug, keiner gab auch nur einen Mucks von sich. Selbst die sonst so Vorlauten saßen nur mit offenen Mündern da. Ich hatte das Unverzeihliche getan. Wenn ich mich zuvor gelegentlich als Außenseiter gewähnt hatte, bekam ich nun eine Ahnung davon, wie es sich anfühlte, ein zu Recht Geächteter zu sein. Ich wollte nur raus hier – und ausgerechnet Herr Parker gab mir die Chance dazu.

»Raus!«, schrie er. Aber natürlich war das nicht die vollständige Bestrafung für mein Fehlverhalten. »Ab ins Zimmer der Rektorin!«

Das amtliche Urteil war verkündet worden, in jenem Moment hätte es genausogut »Tod durch den Strang« heißen können. Die Konsequenz war dieselbe. Ich würde vor meine Richterin treten, schuldig in sämtlichen Punkten der Anklage.

Jeder Schüler, der einmal des Klassenraumes verwiesen wurde, kennt den enormen Verfremdungseffekt, den der Blick auf die menschenleeren Flure auslöst. Wurde man (wie so oft) unschuldig zu diesem Gang verurteilt, war man ein Cowboy, der durch die einsame Prärie ritt. Man vertraute darauf, dass es im Büro des Sheriffs (der bei uns Frau Dr. Schmitt hieß) auf einen gerechten Prozess hinauslaufen würde und man glaubhaft darlegen könne, dass jugendlicher Leichtsinn der Motor für das geringfügige Delikt gewesen sei. Aber an jenem Tag hatte ich eben kein Furzkissen auf dem Stuhl von Herr Parker platziert oder einen Papierflieger segeln lassen. Als ich durch die endlosen Flure schritt, war ich kein Cowboy. Ich war ein Gladiator. Von den hohen Decken schmetterten die Fanfaren, eine aufgebrachte Masse beschimpfte mich , die gesamte Schule verwünschte mich mit Buh-Rufen – Daumen runter, vor die Löwen mit ihm.

© privat

**Nachdenklichkeit ist – nach Empörung und Schmollen – die dritthäufigste Pose von Pubertierenden.**

Der Klinke zum Direktorenzimmer wirkte wie eine Mutetaste. Nichts war mehr zu hören als das Verschlussgeräusch der Tür. Nur noch das leise Atmen der Sekretärin, die mich über ihre Lesebrille hinweg anstarrte, als wäre ich ein besonders ekliges Insekt.

»Warte kurz hier«, bedeutete sie mir kopfschüttelnd. Ich war mir sicher, dass sie, genau wie Petrus an der Himmelspforte, ganz genau über meine Sünden Bescheid wusste. Sie musste nur noch ein paar Formulare ausfüllen, um meinen Eintritt in die Hölle zu besiegeln.

Während ich wartete, musste ich die ganze Zeit an die Geschichte aus dem Struwwelpeter denken: Ein Mädchen, ganz allein zu Haus, findet ein Feuerzeug. Das Mädchen weiß, dass sie es nicht anfassen darf, aber es kann sie nicht liegen lassen. Es ist zu verführerisch, und natürlich geschieht das Unvermeidliche: Statt eines kuschligen Lagerfeuers zündet das Mädchen das ganze Haus an. Und genau wie dieses Feuerzeug für das dumme Mädchen, hatte für mich die Rassismuskeule dagelegen: verführerisch, ja unwiderstehlich.

Müßig zu erwähnen, dass das Mädchen aus dem Struwwelpeter qualvoll verbrannte. So ein Feuer konnte man nicht wieder löschen. Konnte man die Rassismuskeule wieder unter Kontrolle bringen? Sie begraben wie das Kriegsbeil? Wohl kaum, dachte ich in meiner Panik. Und würde es mit einem Tadel oder einem Verweis erledigt sein, oder würde ich direkt von der Schule fliegen? Und was dann? Ich war schon komplett aufgelöst, als die Stimme der Direktorin an mein Ohr drang:

»Hallo Marius, was ist denn passiert?«

Erst da wurde mir klar, dass die Direktorin noch nicht die geringste Ahnung hatte, worum es ging. Wie denn auch? Hatte ich gedacht, dass die Nachricht über meine Untat bereits von Brieftauben verkündet worden sei, die Spatzen es von den Dächern pfiffen? Ja, hatte ich.

Angesichts der neuen Sachlage tat ich, was jeder tun würde – ich stammelte möglichst leise und unzusammenhängend vor mich hin:

»Rausgeflogen ... Englisch ... Hausaufgaben. Soll mich bei Ihnen melden.«

Bis dahin hatte ich zumindest nicht gelogen, aber Frau

Schmitt war keine Frau, die sich durch diese Taktik beeindrucken ließ. Freundlich empfahl sie mir:

»Jetzt mal ganz von vorne!«

Ich wähnte den Hauch einer Chance. Ich könnte mich in einem günstigeren Licht dastehen lassen, die Position von Herrn Parker schwächen, ihm vielleicht eine nicht unerhebliche Mitschuld am Supergau zuschummeln. Ich versuchte es:

»Der Herr Parker ist immer so fies zu mir.« Schon während ich sprach, merkte ich, wie kläglich diese Argumentation zu scheitern drohte. Mangels Alternativen hielt ich trotzdem daran fest:

»Heute hatte ich ausnahmsweise mal meine Hausaufgaben nicht, und schon gibt der mir eine Sechs.« Um die Ungeheuerlichkeit dieser Tat zu unterstreichen, legte ich noch eine kurze Kunstpause ein, bevor ich hinzufügte:

»Und einen Eintrag ins Klassenbuch!«

Wie alle Teenager hatte auch ich wieder verdrängt, wie gemein Erwachsene sein können. Sie stellen einem ganz miese Fallen, indem sie deine Aussagen einfach wiederholen:

»Zunächst mal hattest du also deine Hausaufgaben nicht?«

»Äh, ja schon, aber ...«

Mich persönlich hätte es schon interessiert, was ich nach dem »Aber« zu sagen gedachte, aber Frau Schmitt unterbrach mich.

»Und deshalb möchtest du dich jetzt hier beschweren?«

Raffiniert wand ich mich aus der Schlinge:

»Nee, oder doch irgendwie schon. Aber der Herr Parker ...«

» ... hat dich hierher geschickt.«

»Ja, weil ich habe da noch gesagt, dass er das nur macht ... der macht das nur, weil ich farbig bin ...« Ich hatte es wieder gesagt. Warum nur?

Frau Schmitt fand ihre Fassung schneller wieder als mein Englischlehrer, vielleicht, weil ich sie nicht direkt angegriffen hatte. Kühl fragte sie nach:

»Moment. Du willst also sagen, dass Herr Parker ein Rassist ist?«

»Also, nein, nicht, dass er ...« Ich suchte nach Erklärungen. Es fand sich keine. Frau Schmitt fasste zusammen:

»Du kannst doch deine nicht erbrachten Hausaufgaben nicht damit rechtfertigen, dass dein Lehrer dich angeblich benachteiligt, weil du ein Farbiger bist!«

So wie Frau Schmitt es sagte, klang es gar nicht mehr so, als sei ich ein bösartiger Keulenschwinger. Es klang so, als sei ich ein Volldepp. Fieberhaft dachte ich nun nach, ob Herr Parker – abgesehen davon, dass er mein Lehrer war – nicht doch irgend etwas getan haben könnte, um mich zu provozieren. Aber leider hatte er sich nie auch nur den Hauch einer rassistischen Andeutung geleistet. Gut, er schrieb stets mit weißer Kreide an die Tafel, nie mit schwarzer, aber das hatte offensichtlich mit der besseren Lesbarkeit zu tun. Ich fühlte mich, skeptisch beäugt von meiner Direktorin, tatsächlich noch jämmerlicher als zuvor im Klassenzimmer. Frau Schmitt brüllte nicht, sie verlor nicht die Fassung. Sie war enttäuscht. Natürlich hielt sie mir eine lange Standpauke über ungerechtfertigte Anschuldigungen. Als sie endlich fertig war, fühlte ich mich nicht mehr wie das Mädchen mit dem Feuerzeug. Ich fühlte mich wie der Hirtenjunge, der immer »Wölfe« schrie, wenn gar keine Wölfe angriffen.

Jedem Kind wird diese Geschichte irgendwann erzählt, und jedes Kind hasst diesen Jungen. »So dumm wie der wäre ich nie«, denkt sich ebenfalls jedes Kind, und doch bringt es das eine oder andere irgendwann im Leben fertig, sich genau auf diese Art und Weise in die Bredouille zu bringen.

Ich hatte vor einem ganz besonders großen und bösen Wolf gewarnt, der bestimmt irgendwo im Unterholz lauerte. Und weil er sich partout nicht zeigen wollte, hatte ich einfach mal behauptet, Herr Parker sei der Wolf. Hatte ich gedacht, einen Zufallstreffer landen zu können?

Wie gesagt, ich war fünfzehn. Wahrscheinlich hatte ich gar nichts gedacht.

Damit fing ich erst an, nachdem ich das Zimmer der Direktorin verlassen hatte und zu meiner wahren Strafe antrat: Ich musste mich bei Herrn Parker entschuldigen. Nie wieder habe ich mich so durch eine Entschuldigung gehangelt, nach Worten gerungen – und es gleichzeitig so ernst gemeint.

Ich glaube, Herr Parker hat mir verziehen. Mehr noch: Wahrscheinlich hat er gespürt, dass ich einfach nur ein dummer Junge gewesen war, der seine Kräfte austesten wollte. So sind dumme Jungs eben. Irgendwann begehren sie gegen die Obrigkeit auf.

An dieser Episode können Sie erkennen, dass sich schwarze Jungs überhaupt nicht von ihren gleichaltrigen weißen Freunden unterscheiden: Teenager sind einfach nicht zu ertragen, und das über Jahre. Außerdem konnten wir lernen, wozu ein einzelner, heranwachsender Schwarzer fähig ist. Somit liegt es nahe, den Versuchsaufbau zu verschärfen: Was geschieht, wenn man einen zweiten Schwarzen in die große weiße Suppe der Provinz wirft? Schafft das Frieden? Einen Hauch mehr Exotik? Rassenunruhen?

Probieren wir es aus!

# 7. Zwei sind besser als einer

Wer behauptet, das Beste an der Schule seien die Sommerferien, der lügt. Das Beste ist der erste Tag *nach* den großen Ferien. Alle haben sich verändert, sind größer, reifer oder zumindest sechs Wochen älter geworden. Selbst diejenigen, die sich über den Sommer nur eine großflächige Akne anzüchten konnten, werden noch eine Weile vom Schicksal geschont, weil ihre Sonnenbräune die größten Krater gnädig überdeckt.

Tief gebräunte Haut wurde bei den Mädchen öffentlich, bei den Jungen stillschweigend registriert und bewertet. Aber nach einigen Jahren fand selbst ich heraus, dass ich gänzlich außer Konkurrenz lief. In dieser Disziplin war ich ein Rennpferd unter Kirmesponys – sie alle lebten in einer zu kleinen Welt, um meine Erfolge honorieren oder auch nur sehen zu können.

Das Allerbeste am ersten Schultag nach den Ferien sind natürlich die Greenhorns. Neue Mitschüler, die dank ihrer Eltern in eine völlig neue Welt verfrachtet werden und sich schüchtern am Rand des Schulhofs herumdrücken. Manche versuchen, sich geheimnisvoll zu geben, aber das funktioniert nur selten, wenn sie nicht gerade aussehen wie Johnny Depp und/oder von einer Motorradgang eskortiert werden. Sie zittern, wenn sie sich eine Zigarette anstecken, und sind somit Freiwild. Jeder darf sie anquatschen. Sogar der größte Loser darf am ersten Schultag gegenüber einem Neuling behaupten, dass er den Laden hier unter Kontrolle habe, und für diesen einen Tag wird der Neuling es sogar glauben. Es ist wie beim Rodeo für Anfänger. Isoliert ist der Neuling ja bereits, man muss nur schnell sein, um ihn als Erster anzuquatschen, seine Schwachpunkte erkennen – und schon kann man ihn freundlich überrumpeln und ihm das eigene Brandzeichen aufdrücken.

Im August 1981 beschloss ich also, Bernd zu begrüßen. Er sah nach einem leichten Fang aus. Aus dem tiefen Schwarzwald war er zu uns ins Siebengebirge gezogen. Im Gegensatz zu dem Dorf, aus dem er stammte, musste Oberpleis mit seinen 4000 Einwohnern wie Gotham City auf ihn wirken.

Bernd zeigte sich sogar vom Schulgebäude beeindruckt. Bewundernd musterte er den fürchterlichen grauen Klotz, in den ein sadistisches Architektenteam zusätzlich noch blaue Türen mit gelben Griffen eingebaut hatte – wahrscheinlich, um ein paar kindgerechte Akzente zu setzen. Oder um zu vermeiden, dass man dauernd gegen die Wände lief. Natürlich war dieses Ungetüm Anfang der Achtziger ein Ausbund an Modernität, der Stolz der Gemeinde. Und es war Ehrensache, dass bereits der Rohbau von einem unbekannten Graffiti-Künstler mit der epochalen Botschaft jener Tage entweiht worden war. Neben dem Haupteingang prangte der Spruch: »Schade, dass Beton nicht brennt.«

Nun, für Bernd war es das Taj Mahal. Für mich war es die Schule, also versuchte ich, ihn auf ein anderes Themengebiet zu lenken, auf dem wir Gemeinsamkeiten entdecken würden. Ich wollte ihm die Chance geben, eine gute Geschichte zu erzählen, bevor ich eine bessere nachlegen konnte.

»Was haste denn in den Ferien gemacht?«

Bernd sah mich verständnislos an: »Ja, Kisten gepackt halt. Wir sind ja umgezogen. Und dann hab ich die Kisten wieder ausgepackt. In mein neues Zimmer. Die alten Klamotten.«

Wow, dachte ich, ein Geschichtenerzähler wie Hemingway, kein Wort zuviel. Ich holte Luft, um ein aufgemotztes Best-of aus meinen Ferien zu servieren, aber Bernd missachtete jegliche Spielregeln. Er fragte etwas. Als Neuling. Und was er fragte, war noch ungeheuerlicher:

»Und du? Warst du in deinem Heimatland?«

Und da stand ich wieder, sprachlos. Wieder so eine kurze, unschuldige Frage, die mich völlig aus dem Konzept brachte. Sollte ich jetzt meine Lebensgeschichte erzählen? Würde ich jedem Menschen, den ich neu kennenlernte, sofort alles über mich, meine Familie und ihre intimsten Geheimnisse preisgeben müssen? Das war doch Bernds Rolle, er war der Neue, verdammt! Fieberhaft überlegte ich, ob ich ein Heimatland erfinden sollte, meinen Lokomotivführeropa wieder aus der Schublade holen sollte, etwas Großartiges zu entgegnen wie: »Ja, ich war mit meinen Ahnen in Afrika. Mit dem Zug durch die Steppe, von Westen nach Osten, habe einige Löwen erlegt. Du kannst es nicht wissen, weil du neu bist, Bernd, aber ich möchte betonen, dass ich auf dieser Reise auch ganz schön braun geworden bin.«

Stattdessen sagte ich die ganze Wahrheit: »Nee, Ich war auf einer Jugendfreizeit in Frankreich.«

Es klang so kläglich, wie ich mich fühlte. Bernd kommentierte erwartungsgemäß wortreich: »Hmm.«

Für jemanden, der nur Kisten ein- und ausgepackt hatte, war Bernd ganz schön arrogant. Sollte er doch sehen, wie er hier allein zurechtkam, dachte ich, und wollte am liebsten gehen. Aber das ging nicht. Damit hätte ich ja zugegeben, dass bei meinem Rodeo-Debüt leider der Bulle gewonnen habe, indem das dumme Vieh einfach »Hmmm« gesagt habe.

Glücklicherweise half mir ein Mitschüler aus der Parallelklasse, er grätschte spontan in unser Gespräch hinein. Danke, Alter, ätschibätsch, Neuer! Seine Frage verwirrte mich allerdings:

»Sag mal, Marius, kennst du eigentlich Pierre?«

»Pierre?« fragte ich möglichst unverfänglich zurück, fühlte ich mich schon wieder in die Enge getrieben. Pierre, das konnte sowohl ein schmackhafter Frischkäse sein als auch ein Musiker, der gerade eine neue Platte rausgebracht hatte. Ich könnte mutig alles auf eine Karte setzen und behaupten: »Ich hab kurz mal reingehört, aber nur die A-Seite.«

Eine Antwort, die mich ins gesellschaftliche Aus bomben würde, falls Pierre doch ein Brotaufstrich war. Also ging ich auf Nummer sicher und hakte leicht genervt nach:

»Wieso sollte ich Pierre kennen?«

Mein Mitschüler zuckte mit den Schultern: »Na weil, ich dachte nur … Na ja weil der doch auch eine dunklere Hautfarbe hat. Der geht jetzt auch hier zur Schule.«

Offenbar hatte er seine Sommerferien dazu genutzt, sich das letzte bisschen Hirn wegzukiffen.

Es wäre verschwendete Zeit gewesen, ihm eine Standpauke zu halten, etwa darüber, dass es zu dieser Zeit etwa 300 000 farbige Menschen in Deutschland gab, die sich nicht alle gegenseitig kannten. Es blieb mir nicht einmal Zeit, die Situation wirklich stilvoll aufzulösen, indem ich fragte: »Kennst du Bernd? Der ist auch strohdoof!«

Dazu war ich viel zu aufgeregt. Ich überließ es Bernd und dem Parallelklässler, ihre Gemeinsamkeiten selbst zu entdecken, und war erst einmal damit beschäftigt, die Botschaft zu verdauen.

Mein Herz raste, als ich versuchte, die neue Information in ihrer Gesamtheit zu begreifen, die Möglichkeiten auszuloten: »Es gibt jetzt noch einen Farbigen in unserer Schule. Wir werden immer mehr. Sind zwei eigentlich schon eine Gruppe? Okay, ich würde es noch keine Massenbewegung nennen, aber wir sind auf einem guten Weg. Tendenz steigend. Und dann ist dieser Pierre auch noch in meiner Parallelklasse! Mit einem Fünftklässler hätte ich ja keine Gang aufmachen können. Das wäre ja vollkommen armselig, aber Pierre und ich, wir sind in einem Alter, und wir ... haben so viel gemeinsam!«

Ich musste mich beherrschen, um nicht auf dem Schulhof in die Höhe zu springen und die Hacken in der Luft zusammenzuschlagen. Pierre hätte keinen größeren Eindruck auf mich machen können, wenn er ein neuer Popstar gewesen wäre, und ich eine Zwölfjährige, die ihn aus der Ferne anschmachtete. Aus weiter Ferne, wohlgemerkt. Denn bisher hatte ich Pierre noch nicht einmal gesehen, geschweige denn auch nur seine A-Seite gehört.

Aber schon schmiedete ich Pläne für unser erstes Zusammentreffen, es gab ja so viele Möglichkeiten:

»Hallo, ich bin Marius. Wir sollten uns zusammentun. Wir sind schließlich die einzigen Schokojungs hier.« Schöner, klassischer Einstieg, aber dann bräuchte ich unbedingt ein gutes Anschlussthema, das hatte mich nicht zuletzt der Reinfall mit Bernd gelehrt. In Gedanken formulierte ich abendfüllende Szenarien aus:

»Hey Mann. Ich bin Marius, dein neuer Brother. Stehst du auf Rap? Ich auch, Alter, aber weißt du was? Hip-Hop ist der neue Scheiß, und du und ich, wir sind Hip-Hop! Weißt du, wo Hip-Hop herkommt? Sein Ursprung ist die schwarze Funk- und Soulmusik. Überhaupt die gesamte Popmusik haben die doch bei uns abgeschaut. Cool, oder? Hast du einen Turntable?«

Das wäre einerseits ziemlich cool – und andererseits weit aus dem Fenster gelehnt. Mir kam der furchtbare Gedanke, dass mein Bruder Pierre vielleicht tatsächlich schon Hip-Hop kennen könnte, am Ende sogar noch mehr darüber wusste als ich. Wäre ja möglich, da ich lediglich Grandmaster Flash kannte. Außerdem konnte ich mir gut vorstellen, dass Pierre ein harter Bursche war, ein Purist, der neben Hip-Hop keine andere Musik duldete. War ich bereit, meine Beatles-Platten vor seinen Augen zu verbrennen?

»Beruhige dich, Marius«, ermahnte ich mich selbst, »denk nicht in diesen Klischees, das machen die anderen schon. Frag Pierre etwas ganz Unverfängliches, vielleicht: ›Hey, wollen wir ein paar Körbe werfen?‹« Diesen Ansatz hielt ich für perfekt, bis mir eine Sekunde später einfiel, dass ich im Basketball eine komplette Null war.

© Jenny Egerer

© picture alliance/dpa

**Leicht zu verwechseln: Marius Jung (links)
und der Fußballer Patrick Owomoyela**

Ich verzweifelte fast. Es war eine Frage von Stunden,
bis ich meinem ersten echten schwarzen Freund, meinem Bruder, begegnen würde, und ich hatte nicht einen
wirklich guten Aufhänger für unser erstes, bedeutsames
Gespräch, das uns auf ewig aneinander binden sollte.
In meiner Not dachte ich schon daran, ein Zettelchen zu
schreiben, eine Abwandlung des Klassikers:

»Willst du mit mir gehen? Kreuze an: Ja/Nein/Viel-
leicht.«

Im selben Moment, in dem ich diesen verwirrenden
Gedanken abschüttelte, stand er plötzlich vor mir. Pierre.
Ich wünschte, ich könnte sagen, dass seine nackten Ober-
arme in der Sonne glänzten, der Wüstenwind seinen Afro
leicht anhob und er seine Sonnenbrille lupfte, als er zu
mir sagte:« Ey, du musst Marius sein. Ich glaube, wir werden den Laden hier ganz schön aufmischen, was?«

Aber Pierre war eine Luftpumpe. Jedenfalls war es das,

was er wollte: »Hast du vielleicht eine Luftpumpe? Mein Vorderrad ist schon wieder platt.«

So einfach hätte es also sein können. Ich hätte einfach eine Luftpumpe bei mir tragen sollen, um meinem schwarzen Bruder aushelfen zu können. Aber ich hatte zu der Zeit nicht mal ein Fahrrad. Pierre besaß ein Rennrad, oder das Rad besaß ihn, wie man es nimmt. Pierre trug keinen Afro, dafür ein hässliches Sweatshirt. Er war viel dunkler als ich, und dennoch war er alles andere als ein Aushängeschild für die Black-Power-Bewegung an unserer Schule. Er war kein Hip-Hopper. Er war eher eine Art Bernd in Schwarz.

Ich nuschelte: »Nö, hab ich nicht.« Und ging einfach weiter.

Das Schönste am ersten Ferientag nach der Schule ist ja, dass am nächsten Tag wieder alles fast genau so ist wie vor den Ferien.

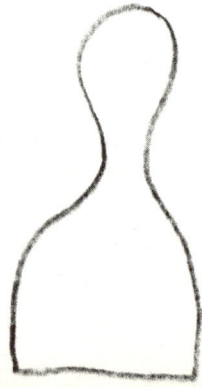

# 8. Herr Schmidt mit dt

Nach dieser ersten Begegnung war klar, dass Pierre und ich niemals beste Kumpel, geschweige denn Brothers im Geiste sein würden. Er hätte sich nur für mich interessiert, wenn ich eine Zehngangschaltung gehabt hätte. Und ich hätte wahrscheinlich nur dann mehr mit ihm anfangen können, wenn er fürs Rumhängen geschwärmt hätte. Der Volksmund spricht dem Neger bekanntlich Musikalität und Faulheit zu. Pierre konnte beidem nichts abgewinnen.

So blieb Pierre die ganze Schulzeit über völlig nutzlos für mich. Nur ein einziges Mal hat er sich – wenn auch unwissentlich – für mich eingesetzt und im Nachhinein den Zwischenfall mit Herrn Parker ausgebügelt.

Nichts ahnend schlurfte ich über den Pausenhof – scheinbar ziellos, aber durchaus gekonnt. Schlurfen war mein Sport. Während meine Mitschüler also meinen lässigen Gang quer über den Schulhof bewundern durften, wurde ich mitten im Set rüde unterbrochen.

»Hab' ich dich endlich«, schnaufte eine zänkische, männliche Stimme hinter mir, und ich spürte, wie sich ein paar Finger um meinen Kragen klammerten.

Schuldgefühle überkamen mich. Ein völlig normaler Reflex, der in jedem normalen Mann ausgelöst wird, wenn er stocknüchtern in eine Polizeikontrolle gerät, an einem schönen Tag auf der Straße ständig grundlos angelächelt wird oder eine hübsche, aber hochschwangere Frau erblickt.

Man weiß im Grunde, dass mit dem Auto alles in Ordnung ist, dass Menschen bei Sonne eben freundlicher werden und man hat sein Intimleben grundsätzlich unter Kontrolle. Aber es bleiben die winzigen Zweifel, völlig irrationale Gedanken wie: »Moment, habe ich dieses Auto vielleicht doch eben geklaut? Grinsen alle, weil meine Hose offen steht? Bin ich der Vater dieses ungeborenen Kindes? Immerhin ist die Schwangere die Einzige, die mich nicht anlächelt!«

Stets wachsam bleiben – das hat die Natur schon richtig angelegt. Wenn eine akute Bedrohung besteht, heißt es Kampf oder Flucht. Wie so oft entschied ich mich für »oder«, als die Worte »Hab' ich dich!« gesprochen waren. Mein Körper pumpte das Adrenalin hoch, meine Nackenhaare sträubten sich, und ich drehte mich blitzschnell, um meinem Widersacher in die Augen zu blicken. Er war einen guten Kopf kleiner als ich, Haut und Kleidung wirkten sorgsam zerknittert, die Hornbrille bebte auf seiner rotgeäderten Nase. Ich hatte keine Chance gegen ihn, denn er war ein Lehrer.

»Du kommst jetzt mit mir, Bürschchen!«, grollte er, und statt mich auf den Boden zu rollen und zu winseln, folgte ich ihm wortlos.

Auf dem mir nur allzu bekannten Weg ins Rektorinnenzimmer versuchte ich krampfhaft, mich an den Namen meines Anklägers zu erinnern. Ich war mir sicher, er fing mit »Herr« an. Unterricht hatte ich nie bei ihm gehabt, soviel war sicher, aber wie hatte ich es dann geschafft, von ihm erwischt zu werden und vor allem, wobei?

Zumindest schaffte die Begrüßung der beiden Pädagogen in einem Punkt Klarheit.

Der Lehrer, der mich am Schlafittchen hatte, keuchte der Rektorin triumphierend entgegen: »Guten Tag, Frau Schmitt, hier ist der Bursche, ich hab ihn endlich zu packen gekriegt.«

Und sie gab lächelnd zurück: »Hallo Herr Schmidt, Sie sind ja ganz aus dem Häuschen, wie kann ich denn helfen?«

© Jenny Egerer

**Man sieht ihn, man sieht ihn nicht, man sieht ihn ...**

In diesem Moment wurde mir klar, dass ich in den Fängen von »Herrn Schmidt mit dt« gelandet war, wie er sich selbst nannte. Der Typ war gefürchtet, schon aufgrund seiner Fächerkombination (Mathe und Physik) aber vor allem, weil er nicht müde wurde, sich als »Schmidt mit dt« vorzustellen, wohl in der irrigen Annahme, man könne ihn mit der Rektorin verwechseln.

Dass er zu Recht als sprachlich eher minderbemittelt

galt, sollte ich im nächsten Augenblick erfahren: »Das ist einer von denen, die die Toilette verstopft haben. Mit Klopapier, meine ich. Das Klo. Sie wissen schon. Übergelaufen, heute Morgen.«

Nun war ich vollkommen verwirrt. Ich war mir ziemlich sicher, dass ich keine Toilette verstopft hatte, auch nicht mit Papier, und übergelaufen war ich schon gar nicht.

Da ich auch in den Augen von Frau Schmitt eine leichte Irritation bemerkte, schüttelte ich empört den Kopf. Und es funktionierte. Leicht tadelnd bemerkte Frau Schmitt Richtung Herr Schmidt: »Also, der, den Sie da haben, das ist der Marius. Marius Jung. Aber Sie haben sich bestimmt schon vorgestellt, nicht wahr?«

Unsere Rektorin konnte schon großartig sein, wenn man zufällig unschuldig war. Zum Glück konnte ich mich beherrschen und kostete die die Situation nicht zu sehr aus, obwohl ich mich zu gerne auf den Boden geworfen und gestammelt hätte: »Aber Missus Schmit, was redet der Aufseher da von Klopapier? Ich nie anfassen die endlose, weiße Rolle, Missus wissen das, ich nehme nur Bananenblätter vom Feld. Ich erst letzte Woche gelernt, wie überhaupt pinkeln hinein in große weiße Schüssel, nicht in den Busch wie daheim, ich unschuldig.«

Und meine Zurückhaltung wurde belohnt. Statt meiner stammelte sich nun nämlich Herr Schmidt seine Geschichte zusammen: »Also, kann sein, dass das der Marius ist, ich weiß nur, dass ich ihn heute Morgen habe wegrennen sehen, vom Klo. Zusammen mit ein paar anderen, aber die konnte ich nicht erkennen, von hinten. Ihn natürlich schon.«

Ich schwöre, nie wieder habe ich einen Menschen so eindrucksvoll schweigen sehen wie Frau Schmitt. Sie schwieg so unnachgiebig, dass Herr Schmidt ebenfalls endlich den Mund hielt, und diese Stille war eine einzige Genugtuung. Natürlich habe ich den Moment vermasselt. »Wann soll das gewesen sein?« erkundigte ich mich krächzend.

Fast dankbar nuschelte Herr Schmidt: »Kurz vor neun« hervor, und gab mir so, durch die Preisgabe der exakten Tatzeit, ein perfektes Alibi.

»Da war ich im Englischunterricht. Kann Ihnen Herr Parker bestätigen!«, rief ich hocherfreut, und ich meine, die Mundwinkel von Frau Schmitt hätten sich leicht nach oben gekräuselt, bevor sie sprach. »Nun, Marius, das glaube ich dir auch so, ich denke nicht, dass wir Herrn Parker damit belästigen müssen. Offenbar liegt eine Verwechslung vor.«

Habe ich schon erwähnt, dass diese Frau einfach Stil hatte? Hatte sie. Denn obwohl ihr genauso klar war wie mir, mit wem mich Herr Schmidt mit dt verwechselt haben musste, wurde sein Name nicht ausgesprochen.

Für mich war es Ehrensache, Pierre nicht zu verpetzen. Erstens glaubte ein winziger Teil von mir immer noch daran, dass wir schwarzen Brüder doch zusammenhalten mussten, zweitens fand ich es großartig, dass er sich endlich einmal von seinem Rennrad ab- und dem richtigen Leben zugewandt hatte. Er hatte ein Klo verstopft. Es gab Hoffnung für ihn.

Und natürlich gab auch Frau Schmitt ihrem Fast-Namensvetter keinen Hinweis auf den wahren Täter. Sie lächelte einfach, schwieg wieder – und gab Herrn Schmidt so die Chance, seinerseits das einzig Richtige zu tun: Er hielt ebenfalls die Klappe, statt sich ins völlige Aus zu katapultieren und seine Schlussfolgerung herauszuposaunen: »Dann muss es der andere Schwarze gewesen sein.«

An diesem Tag hatte ich wirklich etwas gelernt. In der Schule! Von einer Lehrerin! Das muss man sich mal überlegen!

Ich musste in dieser Sache nicht mal das letzte Wort haben, obwohl ich Recht hatte. Ich sagte nicht: »Wusste ich's doch, Frau Schmitt: Wölfe, überall!«

Denn als der Wolf das Büro verließ, sah er aus wie ein geprügelter Hund. Im Vorbeihuschen murmelte er eine Entschuldigung, und ich nahm sie an, ohne dabei breit zu grinsen. Ich gab nicht mal bei meinen Freunden damit an, dass sich ein Lehrer bei mir entschuldigt hatte.

Tatsächlich hatte ich auch in den folgenden Jahren nie Unterricht bei Herrn Schmidt mit dt. Allerdings bemerkte ich, dass wir einem gemeinsamen Hobby frönten: Wir beobachteten Pierre. Nicht ständig, aber genau. Über Herrn Schmidts Gründe, den kleinen Radrennfahrer mit dem knackigen Arsch zu beobachten, will ich nicht spekulieren, aber ich musste ihn immer wieder anstarren, um festzustellen: »Wir sehen uns ungefähr so ähnlich wie Liz Taylor und Miss Piggy. Wir tragen völlig verschiedene Klamotten, ich habe Style, er hat eine Jeans mit Bügelfalte. Wir sind vom Wesen her sogar noch verschiedener. Und selbst Herrn Schmidt mit dt hätte auffallen müssen, dass Pierre mindestens drei Schattierungen schwärzer ist als ich. Wie kann man uns verwechseln?«

»Man kann fast alles, wenn man es nur will«, ist ein beliebter Spruch von Erziehungsberechtigten. Hatte Herr Schmidt mit dt ihn nur einmal zur falschen Gelegenheit angewandt? War er nur von seinem detektivischen Spürsinn übermannt worden und hatte sich deshalb zu seiner falschen Verdächtigung hinreißen lassen, oder war er das personifizierte Böse? Ich habe es nie herausgefunden, nur eines kann ich mit Sicherheit sagen. Herr Schmidt mit dt hatte an jenem Tag im Rektorenzimmer auch etwas gelernt: Wenn eine verstopfte Toilette überläuft, ist es manchmal besser, zuerst den Klempner zu rufen und erst dann nach der Ursache zu fahnden. Sonst kommt die ganze Scheiße hoch und man steht mitten drin.

So, Schule ist aus, Zeit für die Hausaufgaben. Bestimmt haben Sie mittlerweile festgestellt, dass der sozialisierte Neger gar nicht viel anders ist als Sie selbst. ER redet sogar ganz normal, und das ist ganz schön verwirrend. (Selbstversuch für zwischendurch: Schlagen Sie blind das Telefonbuch auf und wählen Sie eine unbekannte Nummer. Nachdem Sie eine Weile mit der fremden Person am anderen Ende der Leitung geredet haben, raten Sie blind, ob sie schwarz oder weiß ist. Viel Spaß! Kleiner Tipp: Mit unterdrückter Nummer anzurufen erspart Ihnen viel Ärger.)

Wir haben die Versuchsanordnung hier schon mal vorweggenommen.

Wir stellen Ihnen Promi-Zitate vor und Sie müssen herausfinden, ob sie von Schwarzen oder von Weißen stammen.

# 9. Zitate (Übungsteil)

Ordnen Sie die Zitate dem richtigen Promi zu:

1. »Noch nie in der Weltgeschichte haben sich so viele weiße Menschen um einen Neger solche Sorgen gemacht.«
   a) Muhammad Ali vor seinem letzten Profikampf, 1981
   b) Hillary Clinton, als sie 2007 mit Barack Obama um die Präsidentschaftskandidatur der Demokraten konkurrierte
   c) Madonna 2006 nach der Adoption des kleinen David aus Malawi

2. »Wir Schwarzen müssen zusammenhalten.«
   a) Martin Luther King bei einer Predigt, 1963
   b) Roberto Blanco bei einer CSU-Wahlkampfveranstaltung, 1985
   c) O. J. Simpson 1995 im Gerichtssaal

3. »Eher wird ein Schwarzer in Washington Präsident als ein Nicht-Schwarzer Chef in München.«
   a) Franz Josef Strauß
   b) Paul, der Orakel-Tintenfisch, der nach der WM 2010 plötzlich verstarb
   c) Rudolf Augstein, Gründer des »Spiegel«

© Jenny Egerer

© picture alliance/dpa

**Leicht zu verwechseln:**
**Marius Jung (links) und Roberto Blanco**

4. »Neulich bin ich in Basel in eine Buchhandlung
   gekommen, da fand ich das neueste Programm
   dessen, was gedruckt wird: ein Negerroman, wie
   überhaupt jetzt Neger allmählich in die Zivilisation
   von Europa hineinkommen! Es werden überall Negertänze aufgeführt, Negertänze gehüpft. Aber wir
   haben ja sogar schon diesen Negerroman. Er ist
   urlangweilig, greulich langweilig, aber die Leute
   verschlingen ihn ...«

a) Thilo Sarrazin 2011, als sein Buch auf der Bestsellerliste
   auf Platz 2 abstürzte

b) Marius Jung 2012, aus dem ersten Entwurf für den
   Klappentext für dieses Buch

c) Rudolf Steiner, Anthroposoph, Gründer der Waldorf-
   schulen, 1922 in einem Vortrag

5. »Ein Schwarzer und ein Spinner sind immer
   die Gewinner.«

a) John McCain nach der Wahlniederlage
   gegen Obama/Clinton 2008
b) Mel Gibson, über erfolgreiche Komödien
c) Frank Farian nach der ersten Goldenen Schallplatte
   für »Boney M.«

6. »Der Schwarze schnackselt gerne.«

a) Gina Wild, 2003
b) Bernhard Grzimek, 1968
c) Gloria von Thurn und Taxis, 2001

## Lösungen

| | |
|---|---|
| 6. c | 3. a |
| 5. b | 2. b |
| 4. c | 1. a |

# 10. Das schwarze Schaf

Es gab damals Dinge im Leben eines Jungen, bei denen auch ein erfundener Lokomotivführeropa nicht helfen konnte. Dinge, bei denen ein Junge nie hätte zugeben dürfen, wie wichtig sie ihm waren, weil man ihn sonst für ein Weichei gehalten hätte, für ein Mädchen.

Heutzutage ist man aufgeklärter, und es ist ganz normal, wenn ein Vierzehnjähriger eine Entscheidung trifft, die sein Leben verändern wird: die für den ersten Friseurbesuch.

Es ist der letzte Initiationsritus der westlichen Welt – der Moment, in dem der junge Mann aufbegehrt und laut und deutlich: «Nein!» ruft, wenn seine Mutter sich mit der stumpfen Bastelschere nähert, um »mal kurz an die Spitzen zu gehen, damit du wieder was sehen kannst.«

Okay, an dieser Stelle muss ich zugeben, dass ich als Kraushaariger wirklich im Vorteil war. Meine Mutter hat sich aufgrund der Gegebenheiten nie an dem beliebten Pottschnitt versuchen können, der das Bild der bundesdeutschen Schulhöfe in den Siebzigern prägte: Eine Horde von Prinz-Eisenherz-Look-Alikes bevölkerte das Fußballfeld, während die Söhne der noch unbegabteren Mütter neidisch zuschauen mussten. Dank ihrer fettigen Ponysträhnen und den Schlaghosen galten sie als modisch dermaßen unterbelichtet, dass sie nicht mitspielen durften.

Extrem gelocktes Haar muss auch nicht so oft geschnitten werden, aber nach vierzehn Jahren, so befand ich, wurde es doch Zeit, mir Frisur und eigenen Stil zuzulegen.

Das Haarstudio »Bei Uschi« jedoch war noch nicht bereit für mich, geschweige denn für mein Haar.

Einerseits kann es erfrischend sein, wenn ein Mensch offen zu seinen Defiziten steht. Andererseits möchte kein Vierzehnjähriger von einer schlecht blondierten Landpomeranze hören: »Das ist ja das Gleiche, als würde ich ein Schaf scheren.«

Immerhin gab sie diese Freundlichkeit von sich, bevor sie die Schere zur Hand nahm. Meine Verletztheit unter lautem Protest versteckend, ging ich ungeschnitten nach Hause. Und wie jeder Vierzehnjährige beschloss ich, mich nie, nie wieder mit einem so gemeinen Mädchen einzulassen, das sich über mich lustig macht. Ich wollte unberührt bleiben, für immer, zumindest haarmäßig. Und so züchtete ich über die Jahre meinen ersten, prächtigen Afro, der zu Spitzenzeiten eine Rekordfläche von 0,7 Quadratmetern aufweisen konnte.

© privat

Ein schwarzer Tag
für die weiße Friseuse

Die Worte der Friseuse bekam ich trotzdem nicht aus dem Kopf. Natürlich wusste ich, dass sie nicht die hellste Kerze im Leuchter war. Wahrscheinlich wollte sie durch ihre Bemerkung einfach nur vertuschen, dass sie keine Ahnung hatte, wie man Haare wie meine schneiden könnte. Nur leider war diese Frau sehr typisch für die Bewohner des Landstrichs, in dem aufzuwachsen mich das Schicksal verurteilt hatte: In ihrer Ignoranz beäugten sie alles, was sie nicht sofort einordnen konnten, furchtsam bis feindselig. Wenn es dann, wie ich, sprechen konnte, bestand ihre Reaktion aus einem schlechten Witz. Aber sehen wir's positiv: Immerhin hatte sie mich ungeschoren davonkommen lassen.

## 11. Neger und Komplimente

Nach Bühnenauftritten mische ich mich manchmal unters Volk und unterhalte mich mit Leuten aus dem Publikum. Total interessant. Naja, die Themen wiederholen sich zugegebenermaßen. Und es sind auch vornehmlich bestimmte Typen, die mich ansprechen. Da sind zum Beispiel die Frauen aus der Betroffenheitsriege. Kennen Sie problemorientierte Menschen? Sie sind gut an der leicht weinerlich-bebenden Stimme und dem mitleidigen Lächeln zu erkennen: »Marius, du so als Schwarzer, ist das nicht ganz schön schwer für dich hier bei uns in Deutschland?«

Ich antworte in der Regel ausführlich und wahrheitsgemäß mit: »Nö!« Diese Antwort widerstrebt den meisten allerdings. Sie möchten mich gerne als Opfer sehen. Lieber hätten sie gehört: »Oh ja, das ist schwer. Hier ist es so kalt. Ich meine die emotionale Kälte, die mir immer wieder entgegenschlägt.«

Ich fühle mich aber wohl bei uns in Deutschland. Hier verstehe ich wenigstens die Sprache. Und die Fahrscheinautomaten. Natürlich belastet mich die Kälte. Aber es gibt ja Zentralheizungen.

Ich sehe das pragmatisch. Mit meiner Hautfarbe verhält es sich wie mit den meisten Dingen im Leben: Sie haben Vor- und Nachteile. So spare ich viel Geld für Sonnenstudios und brauche auch keine Bräunungscremes.

Kommen wir zu den offensichtlichen Nachteilen. Nach einem kostspieligen Strandurlaub höre ich nie: »Marius, du bist aber schön braun geworden.« Glaubt denn irgendwer, der Urlaub wäre für mich billiger? Ich lege mich auch stundenlang in die Sonne. Zugegeben, mit Sonnenbrand hatte ich bislang selten zu tun. Das ist ein klarer Vorteil.

Aber: Nur weil Sie denken, Schwarze brauchen nichts für einen gesunden Teint zu tun, komme ich nie in den Genuss eines Kompliments bezüglich meiner Urlaubsbräune. Gemein!

**Leicht zu verwechseln:**
**Marius Jung (links) und Atze Schröder**

## ÜBUNG

In diesem Übungsteil werden wir an Ihrer Fähigkeit arbeiten, eine lockere Konversation zur Hautfarbe von Negern zu führen. Jeder freut sich über Komplimente. Denn nicht nur Kinder brauchen Bestätigung, sondern auch Erwachsene. Wenn sich jemand einer Schönheitsoperation oder einer Crash-Diät unterzogen hat, bekommt er schneller ein Kompliment, weil sich der Zustand offensichtlich verändert hat. Genauso ist es, wenn ein blasser Mensch auf die Sonnenbank geht oder sich tatsächlich in die Sonne legt: Der Vorher-Nachher-Effekt ist offensichtlich und wird so auch häufiger mit einem Kompliment bedacht. Ungerecht! Deshalb wollen wir nun üben, Negern etwas Nettes über ihre Bräune zu sagen. Beachten Sie:

1. Geben Sie auch Schwarzen einfach mal ungefragt ein Kompliment zum Teint.

2. Vermeiden Sie es, dabei krampfig zu wirken.

3. Haben Sie keine Angst, falsch verstanden zu werden. Komplimente zur Hautfarbe sind nicht rassistisch!

FALSCH:

»Oh du bist aber braun geworden. Also ich mein das ganz positiv. Du siehst gesund aus. Sonst auch, aber jetzt eben noch gesünder. Nicht, dass ich sagen will, dass Farbige ... sagt man Farbige? Na ja du siehst gut aus, ehrlich, ganz ohne Hintergedanken ... äähmm, stammelstammel.«

4. Besser sind knappe, unverfängliche Worte:

RICHTIG:
»Du siehst gut erholt aus.«

5. Versauen Sie diesen schönen Moment nicht mit einem Nachsatz.

FALSCH:
»Jetzt nicht wegen deiner Hautfarbe ...«

6. Vermeiden Sie Detailfragen wie »Aber wieso hast du denn deine Fußsohlen nicht in die Sonne gehalten?«

7. Nachfragen zum Urlaubsort sollten plausibel sein.

MÖGLICH:
Wo ist das noch mal? In Schwarzafrika? Am Schwarzen Meer?

SCHLECHT:
Warst du im Schwarzwald? Oder in Blackpool? Oder in Trier, an der Porta Nigra?

## 12. Personal Jesus

Anders als meine Eltern empfinde ich es immer als rüh-
rend, wenn Kinder singen. Meinetwegen auch laut, schief
und mit Texthängern – solange sie es nicht im Fernsehen tun und erwarten, für ihre fragwürdige Leistung zu
Deutschlands Superstar erkoren zu werden.

Aber wenn ein etwa vierjähriges Mädchen in der
U-Bahn das Lied vom »Kuckuck« singt, ohne auch nur eine
kleine Spende dafür zu verlangen, geht mir das Herz auf.

So geschah es vor kurzem, und schon nach der dritten
Strophe, die das Mädchen anstimmte, erkannte ich, welchen Song sie darbot. Ich war fast geneigt, mit ihr zu jam-
men, aber da beendete sie schon ihren Vortrag mit einem
dramatischen, bühnenreifen »Kuckuck tot«. Muss ich erwähnen, dass es sich bei der Interpretin um ein schwarzes
Kind handelte? Wohl kaum. Wer sich trotz mangelnder
Lebenserfahrung so in das »Simsalabimbambasaludusa-
ladim« reinknien kann, hat einfach den Soul im Blut.

Ich lächelte sie lobend an, sie grinste zurück, ihre
Augen leuchteten. Daraufhin versteckte ich mich wieder
hinter meiner Zeitung, aber natürlich spürte ich, dass
die Kleine mich weiter beobachtete. Ich linste unauffällig über den Rand der Zeitung hinaus, sie lächelte immer
noch, von wegen »Kuckuck tot«. Die kleine Lady hatte das
»Kuckuck«-Spielen drauf, wie es eben nur Kleinkinder
beherrschen. Also tat ich wieder so, als ob ich lesen würde,

und als ich abermals aufblickte, lächelte sie nicht mehr. Sie beäugte mich interessiert, fast kritisch.

Jeder, der schon einmal in der Bahn saß und dabei das Interesse eines Kindes auf sich gezogen hat, weiß, was nach dem Anstarren unweigerlich folgt. Das Kind wird eine Frage stellen, die man nicht erwartet hat. Trotzdem bereitete ich mich so gut wie möglich auf das folgende Gespräch vor, indem ich die Möglichkeiten durchging. Was machte mich für das Mädchen so interessant? Würde sie fragen, ob und warum ich auch so schönes krauses Haar wie sie und ihre Mutter hätte? Oder ob der Kuckuck wirklich tot sei? Würde sie mich bitten, ebenfalls zu singen? Ich erwog sogar, dass es sich bei dem Mädchen um ein kleines Genie handelte, seinem Alter weit voraus, gebildet und mit gutem Geschmack gesegnet. Dann könnte sie mir eine Frage stellen wie: »Bist du nicht der brillante Marius, der im Fernsehen so lustige Sachen erzählt?«

Doch die Frage, die sie mir stellen wollte, schien weitaus prekärer, was ich daran erkannte, dass sie leise tuschelnd mit ihrer Mutter Rücksprache hielt. Die lachte und richtete mir dann die Flüsterbotschaft aus: »Meine Tochter will wissen, ob Sie Jesus sind.«

Damit hatte ich ganz ehrlich nicht gerechnet.

Freundlich, aber bestimmt verneinte ich, doch das Mädchen ließ sich nicht von ihrer Vermutung abbringen. Entschieden nickte sie und befand: »Doch!«

Die Mutter und ich lachten wieder. Ach ja, Kinder, was die sich so zusammenreimen. Vielleicht hatte das Mädchen »Das Leben des Brian« gesehen und gelernt, dass nur der wahre Messias leugnen würde, dass er der Sohn Gottes sei, aber das hielt ich doch für unwahrscheinlich.

Ich grinste amüsiert vor mich hin, bis Mutter und Tochter aussteigen mussten, und ich winkte ihnen nach. Freundlich, nicht huldvoll oder gar segnend. Erst als sie außer Sichtweite waren, fiel mir auf, dass ich wirklich, wirklich gern gewusst hätte, weshalb das Mädchen mich für den Heiland gehalten hatte. War es mein mildes Lächeln? Oder nur mein Vollbart? Hielt sie es für denkbar, das Jesus nach einer kurzen Wunderheilung in Weidenpesch die U-Bahn nahm, um an der nächsten Haltestelle Richtung Himmelreich umzusteigen? Oder lag es einfach daran, dass wir beide schwarz waren, Jesus und ich? Immerhin gibt es ja noch Kinder, die an einen Gott glauben, der uns und seinen Sohn nach seinem Ebenbild geschaffen hat.

Erschütternd logisch, durchfuhr es mich. Und die Gegend, in der Jesus geboren wurde, legt tatsächlich die Vermutung nahe, dass Jesus ein Schwarzer war.

Traditionell sind die Menschen da auf jeden Fall schon etwas dunkler. Ob und wie Josef an der Zeugung beteiligt war, lassen wir mal dahingestellt, aber auch bei dem braven Zimmermann können wir davon ausgehen, dass er zumindest ein südländischer Typ war.

Die Chancen, dass Jesus ein blauäugiger, blonder Mann mit blassem Teint war, stehen also ziemlich mies.

Wieder daheim (nein, nicht im Himmel) kam mir das Skandalvideo von Madonna in den Sinn. Gut, alle Videos, bei denen die Queen of Pop mitgemischt hat, haben auf die eine oder andere Weise für Skandale gesorgt, aber ich beziehe mich auf den Hammer von 1989, den Videoclip zu »Like a Prayer«. Madonna sollte mit diesem Song als

©Shutterstock (Jesus)/Jenny Egerer (Marius)

**Jesus? Ich? Gott bewahre!**

neue Werbe-Ikone für Pepsi-Cola fungieren. Der Konzern gedachte, mit dem Song ein Gefühl von Harmonie und Einigkeit (durch das gemeinsame Trinken von gefärbtem Zuckerwasser) auszusenden. Verträge wurden geschlossen, alles lief darauf hinaus, süße Klebrigkeit mit sexy Toleranz zu verbinden, um so die Zielgruppe um ihr Taschengeld zu erleichtern.

Offenbar hatte man im Vorstand des Limonadenladens vergessen, dass Madonna eben eine unberechenbare Krawallschachtel und ein Workaholic ist. Sie macht immer ein bisschen mehr als verlangt, und statt eines Videoclips für Toleranz und gegen Rassismus ließ Fräulein Ciccone alles raus, was für das Budget zu haben war. Auch ihre Brüste. Bei der Sichtung des Clips stellten die sich aber überraschenderweise als das kleinste Problem heraus.

Noch bevor irgend jemand in Deutschland das Video zu sehen bekam, wurde die Ausstrahlung verboten. Die Gerüchteküche brodelte; unter anderem munkelte man, dass die katholische Kirche entsetzt sei, der Papst die Madonna – Marienkult hin oder her – höchstpersönlich in die Hölle schicken wolle und der Vorstand von Pepsi einen kollektiven Herzstillstand erlitten habe. Aber Einzelheiten wurden zunächst nicht bekannt – es war verdammt spannend, mysteriös und aufregend.

In jenen Zeiten gab es kein Youtube. Wäre auch albern gewesen, da niemand wusste, dass es ein Internet gab oder geben würde. Unsere Quelle für musikalische Kurzclips war MTV. Dieser Sender zeigte in jenen Zeiten tatsächlich Musikclips, und wenn man dort etwas verpasst hatte, konnte man das nicht mal eben nachgoogeln, um mitreden zu können. Deshalb saßen an dem Tag, an dem das Skandalvideo zum ersten Mal in voller Länge gezeigt wurde, viele, viele Menschen vor dem Fernseher. Und waren fassungslos. Im Rückblick ein hübsches Training für den Fall der Berliner Mauer, der sich nur wenige Monate später ereignete.

In dem Clip sah man viel. Zu viel, um sich alle Einzelheiten zu merken, aber ein paar Dinge blieben bei jedem hängen. Madonnas Titten – und die Statue, die zum Leben erweckt wurde. Denn bei dieser Statue handelte es sich um das Ebenbild eines jungen Mannes. Eines jungen schwarzen Mannes. Und aus irgendeinem Grunde einigte die Welt sich spontan auf eine Deutung: »Das ist

Jesus. Ein schwarzer Jesus. Krass.« – »Ja, krass. Die Titten aber auch.«

War das der große Skandal? Oder hatten wir etwas falsch verstanden? Ja und nein, beziehungsweise umgekehrt. Natürlich echauffierten sich konservative Christen rund um die Welt darüber, dass Madonna ein wenig zu leichtfertig mit den heiligen Symbolen gespielt hatte. Allein wie sie sich in der Kirche auf dem Boden windet und dort auch eindeutig befummelt; die Stigmata, die auf ihren Händen erscheinen, die brennenden Kreuze, und natürlich die zum Leben erweckte Statue sind harter Tobak. Aber die Statue war eben kein schwarzer Jesus. Was bei einer zweiten Durchsicht des Clips nur allzu deutlich wird. Simpler Beweis: Er hängt nicht am Kreuz beziehungsweise kommt nicht im Laufe des Geschehens zur Pop-Diva herunter, um ein wenig mit ihr zu plaudern und für die Gerechtigkeit ins Feld zu ziehen. Da wir heute über Internet verfügen, lässt sich relativ sicher sagen, dass es sich bei dem wachgeküssten Heiligen um den in Europa relativ unbekannten heiligen Martín de Porres[1] handelt, im Video dargestellt von Leon Robinson.

Dabei wäre es nur konsequent, oder doch wenigstens logisch von Madonna gewesen, den Sohn Gottes als Far-

---

[1] Martín de Porres lebte von 1569 bis 1639 im peruanischen Lima, sein Vater Juan de Porres war ein nach Lima ausgewanderter spanischer Ritter, seine Mutter eine Tochter afrikanischer Sklaven, die nach Lima verschleppt worden waren. Martin absolvierte eine heilkundliche Ausbildung und bat 1594 um die Aufnahme als Laienbruder in den Dominikanerkonvent von Lima, denn als Mulatte war es ihm verwehrt, Priester zu werden. Mulatten kamen in der damaligen kirchlichen und sozialen Rangordnung nach den Weißen, den Indios und den Schwarzen. Erst neun Jahre später gewährte man ihm die Aufnahme. 1962 wurde Martín von Papst Johannes XXIII. heiliggesprochen. (Quelle: Heiligenlexikon, zit. n. Andreas Mertin, Iconoclash, www.amertin.de/aufsatz/2004/madonna.htm)

bigen in ihr Video einzubauen. Denn Gott kommt ja auch in dem Clip vor. Zugegeben in einer relativ unspektakulären Szene, aber wer genau hinguckt, sieht: Gott ist auch schwarz. Und eine Frau. Erstaunlicherweise wurde dieses nicht unwichtige Detail in dieser Zeit kaum diskutiert.

Arme Madonna: Von langer Hand geplanter Riesenskandal, Pepsi elegant auf die Finger gehauen, die Single verkauft sich millionenfach, aber der Hauptschocker geht irgendwie unter. So etwas passiert leicht, wenn man zuviel Dekoration drum herum arrangiert.

Vielleicht hat sie sich zuviel reinreden lassen in ihr geniales Konzept. Das Machwerk wurde ja von Mary Lambert inszeniert, deren größter Spielfilm-Erfolg wiederum »Friedhof der Kuscheltiere« war. Schon ein bisschen merkwürdig, sogar für Madonna. Wäre ja so, als würde ich zum Schlachter gehen und fragen, ob er mir ein schönes Blumengebinde für eine Hochzeit knüpfen könne. Da werden beide Seiten etwas unsicher, aber da es um einen lukrativen Auftrag geht, will man sich diese Irritation nicht gegenseitig anmerken lassen, sondern puzzelt munter drauf los. Wenn ich es mir genau überlege, könnte der Clip tatsächlich genau so entstanden sein:

Madonna kommt also mit dem Geld von Pepsi zur Gruselfilm-Macherin und sagt:

»Guten Tag, ich bräuchte einen zünftigen Skandalclip, bitteschön, könnten Sie mir da was Repräsentatives zusammenstellen?«

»Gerne, wen möchten Sie denn am meisten schockieren, wenn ich fragen darf?«

»Die fundamentalistischen Christen bitte, die katholische Kirche vor allem.«

»Ein schönes Hauptthema. Also, dann schlag ich generell Blut vor, ein paar Stigmata bei Ihnen vielleicht, Tote werden zum Leben erweckt, die Richtung vielleicht...«

»Geht es nicht noch etwas heftiger? Das ist mir noch zu blass.«

»Wo Sie gerade blass sagen – wie wäre es denn, wenn wir ein paar schwarze Statuen von Heiligen einbauen. Ich sehe da brennende Kreuze, Sex und Gewalt. Und damit wir auf der sicheren Seite sind, schneiden wir künstlerisch wertvoll in Schwarz-Weiß ein paar übel rassistische Typen rein, von denen Sie sich ganz deutlich distanzieren.«

»Das finde ich gut. Aber man soll auch meine Brüste sehen. Ständig, wie sie auf und ab wippen. Und Gott ist eine schwarze Frau, mit so leicht lesbischen Tendenzen...«

»Finde ich gut, soll die im Rollstuhl sitzen, so als Sahnehäubchen?«

»Ne, das sieht bei den Tanzszenen nicht gut aus. Vielleicht könnte man am Schluss aber so klarstellen, dass das alles nur Theater war, mit einem Vorhang und Verbeugen und so. Erstens will ich nicht, dass Pepsi mich verklagt, und außerdem kann man meine Brüste beim Verbeugen noch einmal schön sehen.«

»So wird's gemacht.«

Und jeder, der sich das Video unter einer bekannten Internetadresse anschaut, wird mir zustimmen können – genau so wurde es gemacht.

Leider kann uns das Internet nicht auf alle Fragen Antwort geben. Wie stark Jesus pigmentiert war, weiß es zum Beispiel nicht. Und alle Zeitzeugen, die uns verlässlich darüber Auskunft geben könnten, sind seit gut zweitausend Jahren tot.

Das einzig Gewisse ist, dass ich nicht Jesus bin. Falls also ein Leser zufällig auf ein Kind trifft, das in der Kölner U-Bahn das Lied vom Kuckuck singt, bestelle er ihm bitte von mir: »Ich bin's nicht. War es auch nie. Wenn ich es mir recht überlege, bin ich auch sehr froh drum, denn wenn ich es wäre, würde ich bestimmt bald eine Anfrage von Madonna kriegen, ob ich in ihrem neuen Skandalvideo mitwirken wollte. Und dafür ist mir meine Zeit auf Erden wirklich zu kostbar.«

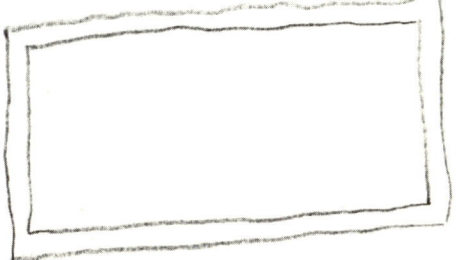

# 13. Test: Wie schwarz bist du?

Bestimmt haben Sie auch schon den ein oder anderen wissenschaftlich fundierten Psychotest mitgemacht, um herauszufinden, ob Sie ein Macho sind, wie viel Frau bzw. Mann in Ihnen steckt oder welches Haustier bei Ihnen daheim die größte Überlebenschance hätte.

Die Erkenntnisse aus all diesen Tests konnten wir nun bündeln, um Ihnen den Umgang mit Schwarzen im Alltag zu erleichtern.

Nehmen Sie sich also ein wenig Zeit und einen Stift, um herauszufinden, wie schwarz Sie sind. Bitte antworten Sie möglichst spontan und ehrlich, und seien Sie nicht allzu enttäuscht, wenn Sie bei der Auflösung feststellen, dass es mit Ihrem Negerverständnis noch etwas hapert. Denn Sie haben sich ja dieses Buch zugelegt, um daran zu arbeiten. Und falls es nicht Ihr Buch ist – malen Sie gefälligst nicht darin herum!

## FRAGEN

1. Sie befinden sich bei einem Konzert, die Musik ertönt im Viervierteltakt (Erklärung: so wie sämtliche Diskomusik oder auch das beliebte Stück »Alle meine Entchen«). In ausgelassener Stimmung beschließen Sie, mitzuklatschen. Aber wie?

a) Ich klatsche auf die 1 und die 3, wenn ich nicht gerade in die Kamera winke.
b) Ich klatsche auf die 2 und die 4, jo!
c) Wild durcheinander, ich lebe die Musik, da kann ich mich nicht kontrollieren.
d) Ich klatsche den Neger neben mir.

2. Sie gehen mit Freunden Kaffee trinken.
   Was bestellen Sie sich?
a) Einen Latte natürlich, den muss man bei »Sergio« probiert haben!
b) Ich bestelle heißes Wasser und brühe den Selbstgepflückten auf, Alter!
c) Einen Espresso, denn der ist klein, stark und schwarz. Und hoffentlich fair gehandelt.
d) Echten deutschen Filterkaffee.

3. Zeit für einen neuen Look! Sie wollen Ihren Typ verändern und eine neue Frisur ausprobieren: Was könnten Sie sich vorstellen?
a) Tatsächlich dachte ich daran, mir ein paar freche Strähnchen färben zu lassen.
b) Mein Haar ist meine Seele, Bro! Wenn ich eine Veränderung will, setz ich eine Sonnenbrille auf!
c) Dreadlocks, das bringt Volumen und Aufmerksamkeit.
d) Ich lasse sie einfach abrasieren, wie es meine Kumpels auch haben.

4. Auf der Straße begegnen Sie einer Gruppe junger Männer, sie alle tragen moderne Kleidung und schwarze Haut. Wie reagieren Sie?

a) Ich werfe eine Münze vor ihre Füße und hoffe, dass sie anfangen zu tanzen!

b) Ich begrüße alle mit Handschlag und hänge mit ihnen ab!

c) Ich tanze, um sie in unserem Land willkommen zu heißen.

d) Ich helfe ihnen und rufe: »Zum Zoo geht's da lang!«

LEICHT ZU VERWECHSELN: MARIUS JUNG (LINKS) UND BOBTAIL »MARLEY«

5. Eine Frage aus dem Bereich Geschichte: Wann wurde in Deutschland die Sklaverei abgeschafft?

a) Das ist eine Fangfrage! Wir haben unsere Putzhilfe immer gut bezahlt, und ein eigenes Bett hat sie auch seit Kurzem.

b) Das ist eine Fangfrage! Wir sind immer noch nicht frei! Power to the People!

c) Das ist eine Fangfrage! Die Sklavenhaltung war hier
   nie offiziell gestattet!
d) Warten Sie, mein Schuhputzjunge müsste
   das wissen ...

6. Thema Betroffenheit. In einem Schulbuch aus
   dem Jahre 1912 stand nach Augenzeugenberichten
   der Satz: »Der Neger ist ein Tier, das spricht.«
   Was denken Sie über diesen Satz?

a) Neger sind keine Tiere! Sie haben weder weiches Fell,
   noch kann man sie essen!
b) Yo, gut dass die wenigsten Brüder damals lesen konnten,
   sonst hätte es echt Bambule gegeben!
c) Ein Skandal! Man sollte diese Bücher verbrennen!
d) Die können sprechen?

7. Jetzt wird es ein wenig knifflig. Bitte kreuzen Sie an,
   bei welchen der unten genannten Persönlichkeiten
   es sich um Menschen mit schwarzer Hautfarbe
   handelt – bitte nicht schummeln!

○ Alice Schwarzer          ○ Roberto Blanco
○ Blacky Fuchsberger       ○ Winnetou

a) Mich legen Sie nicht so einfach rein! Winnetou
   war Franzose, aber sein Pferd war schwarz!
b) Der eine ist doch diese nervige Frau, oder?
c) Roberto Blanco, obwohl der angeblich immer nach-
   gefärbt werden muss.
d) Alles eine Mischpoke!

8. Es bestehen viele Vorurteile gegenüber Schwarzen, aber manche sind wahr: Die schnellsten Läufer auf dieser Welt stammen aus Afrika. Wie erklären Sie sich das?

a) Wenn man da unten überleben will, muss man eben schneller sein als die Löwen!

d) Wenn du da unten überleben willst, musst du eben schneller sein als die Weißen, Bro!

c) Mir sind auch schon ein paar schöne Exemplare weggelaufen ...

d) Die laufen vor der Arbeit weg!

9. Zum Schluss ein kleines Selbstexperiment. Füllen Sie einen 10-Liter-Eimer mit Wasser, stellen Sie ihn sich auf den Kopf und laufen Sie damit einen halben Tag, bis zum nächsten Dorf. Wie fühlen Sie sich danach?

a) Ich bin völlig fertig. Das Gefühl war niederschmetternd. Der Eimer hat meine Strähnchen-Frisur zerstört.

b) Sorry, Alter, habe den Eimer auf halbem Weg zur Bong umfunktioniert und geraucht!

c) Ich habe mich stark und stolz gefühlt, bin aber nach drei Schritten umgefallen.

d) Habe die Aufgabe von meiner Frau erledigen lassen. Sie sagt, die Technik sei beim Putzen sehr unpraktisch gewesen.

## AUFLÖSUNG:

ÜBERWIEGEND A Mit großer Wahrscheinlichkeit sind Sie eine Frau oder versuchen, eine zu werden. In Ihrem sozialen Umfeld bewegen Sie sich souverän, aber Schwarze kennen Sie hauptsächlich als lustige Jazz-Musiker-Holzfiguren, die in dem schönen Dekoladen nebenan stehen. Werden Sie etwas weltoffener, dann klappt es auch mit den Negern. Im Prinzip wissen Sie ja: Schwarz passt zu allem, und ein bisschen Exotik kann nie schaden!

ÜBERWIEGEND B Entweder sind Sie ein kleiner Schlaumeier oder ein heranwachsender weißer Taugenichts. Ihre schwarzen Mitbürger sehen Sie abwechselnd als Coolness-Vorbild oder mögliche Drogenlieferanten, was von einer toleranten Grundeinstellung zeugt, aber auch Gefahren birgt. KLEINER TIPP: Denken Sie im Umgang mit Schwarzen stets daran, dass nur Quentin Tarantino einen Neger »Nigger« nennen darf. Und das auch nur im Film.

ÜBERWIEGEND C Good Morning, Mama Afrika! In puncto Toleranz und Gutmenschtum macht Ihnen keiner was vor – und hoffentlich auch keiner nach. Bonus-Übung für Sie als Fortgeschrittene: Lesen Sie das Kapitel »Die Negersammlerin« und versuchen Sie, uns nicht zu verklagen!

ÜBERWIEGEND D Schwierig, schwierig. Sie sind eine ganz harte Nuss, braun und hohl, und wahrscheinlich haben Sie sich etwas völlig anderes von dem Buch versprochen, als Sie es sich kauften. Das Geld ist nun weg, und wir können dazu nur sagen: Ätschibätsch!

# 14. Was kostet einmal anfassen?

Natürlich bemerke ich die Blicke anderer Männer, die vielleicht nicht töten können, aber rauben wollen. Denn Mutter Natur hat mir etwas Besonderes mitgegeben – etwas, wovon achtzig Prozent der männlichen Weltbevölkerung nur träumen können.

Kleiner Tipp: Es ist schwarz, kräftig, voluminös, und als ich fünfzehn wurde, war es schon dreißig Zentimeter lang. Wildfremde Leute wollen es anfassen, und meine größte Angst war stets, dass man (oder frau) es mir abschneidet.

Ja, natürlich meine ich mein wundervolles Haar, meine Afrolocken. Alle schwarzen Menschen lieben ihr Haar und haben nie Probleme damit. Stolz und erhobenen Hauptes tragen wir es, und wir belassen es in seiner ganzen natürlichen Pracht.

Also abgesehen von den neunzig Prozent aller afroamerikanischen Frauen, die ihre Locken glätten, bügeln und flechten, wenn sie sie nicht gerade mit gefährlichen Chemikalien bleichen. Oder dem Großteil der Bevölkerung Schwarzafrikas, die aufgrund der Hitze und der Insekten ihr Haar meist sehr, sehr kurz schneiden. Auch schwarze Athleten wie etwa Läufer oder Basketballspieler lassen sich aufgrund der besseren Windschnittigkeit das Haupthaar trimmen. Ach, seien wir ehrlich: Der Afrolook war in den 70er-Jahren des letzten Jahrhunderts fast ausgestorben, und ich selbst habe geholfen, ihn zu begraben. Glücklicherweise ist er in den letzten Jahren wieder in Mode gekommen. Und auch ich trage ihn wieder mit Stolz. Aber der Reihe nach:

In meiner Teenagerzeit fiel mir auf, dass meine Haare etwas boten, das ich zunächst für einen Vorteil hielt: Die Mädels standen drauf. Immer, wenn ich sie traf, wollten sie mein Haar berühren, und ich gestattete es ihnen großzügig – schließlich sehnte ich mich danach, ihnen näherzukommen, und ein kräftiges Durchwuscheln meiner Locken war da schon die halbe Miete.

Doch bald schon wollten alle an mir wuscheln. Auch Mädchen, die ich gar nicht scharf fand.

Sogar eine Frau, von der ich gar nicht wusste, ob sie überhaupt in der Kategorie »scharf« oder »unscharf« mitspielte. Sie fiel mich eines schönen Sommertages aus dem Hinterhalt an, mitten auf einer belebten Straße. Ich spürte nur, wie mich jemand am Schopfe packte und entschlossen loswuschelte. In diesem Moment war ich mir noch sicher, dass es sich bei der Grabscherin um eine Freundin, vielleicht sogar eine Verwandte handeln musste, denn für einen männlichen Bekannten war diese Art der Begrüßung doch etwas zu intim oder, wie wir damals gesagt hätten, »oberschwul«. Aber als ich mich umdrehte, sah ich einer völlig fremden jungen Frau ins Gesicht. Sie grinste ganz beseelt und teilte mir mit:

»Du, ich musste da einfach mal reingreifen.«

Sonst sagte sie nichts, nicht mal »Entschuldigung« fügte sie hinzu. Dafür wurde ihr Grinsen noch breiter, als erwarte sie noch eine Art Segen oder Zauberspruch von mir. Da machte ich aber den Mund auf und redete Klartext! Ein klein wenig zumindest. Also ich nuschelte mit gesenktem Kopf, dass man ja auch ruhig vorher mal fragen könne ... Offensichtlich hatte die Frau keines meiner mutigen Worte verstanden oder auch nur gehört, denn sie patschte mir noch einmal auf den Kopf und ging dann fröhlich pfeifend ihrer Wege.

Verdammt, die Welt ist unfair, wenn du fünfzehn bist. Da fallen dir tausend Sprüche ein, die du der Dame hättest reindrücken können, und zwar genau zehn Minuten später, während du wutentbrannt nach Hause gehst.

»Ah, Sie mussten in meine Haare greifen? Was wäre passiert, wenn Sie es nicht getan hätten? Wäre dann eine Bombe explodiert? Wurden Sie genötigt, von einem fiesen Widerling, der Ihnen befahl: »Packen Sie den schwatten Jungen in die Locken, sonst gibt's hier gleich Apokalypse?«

Das wäre eine coole Retourkutsche gewesen, oder auch: «Sind wir hier etwa im Streichelzoo?« Oder wäre das zu harmlos gewesen? Immerhin war ich ja von einer völlig Fremden berührt worden. Light Petting in der Fußgängerzone, mit einem unschuldigen Minderjährigen, jawohl.

Also zumindest nicht voll schuldig. Als ich – immer noch aufgeregt, aber weniger wütend – versuchte, mich genauer zu erinnern, wie die Frau ausgesehen hatte, befand ich, dass sie doch zumindest das Prädikat »mittelscharf« verdient hätte.

Und da hatte ich sie, schon eine Stunde nach der Tat, die perfekte Antwort auf die fiese Wuschelattacke: Beherzt in den Ausschnitt greifen und lächelnd sagen:

»Sehr schöner Busen. Ich musste da einfach mal dranfassen.«

© Jenny Egerer

© picture alliance/dpa

LEICHT ZU VERWECHSELN: MARIUS JUNG
(LINKS) UND ALICE SCHWARZER

Aber so etwas tust du natürlich nicht, wenn du fünfzehn bist. Und wenn du endlich erwachsen bist und den Mumm dazu hast, wirst du für so eine Aktion angezeigt oder eingewiesen. Also versuchst du solche Situationen zu vermeiden und schneidest deine wunderschönen Locken kurz. Aber Haar wächst bekanntlich wieder, und auch mein Selbstbewusstsein wuchs mit den Jahren. Jedes Mal, wenn ich die Locken wieder stutzte, dachte ich: Was würde geschehen, wenn ich sie wieder wachsen ließe? Und zwar so richtig, bis zum Super-Afro?

Einige Antworten waren naheliegend: Irgendwann würde ich durch keine Tür mehr passen, und meine Mitmenschen würden sich köstlich darüber amüsieren. Nur aus Neid, natürlich.

Denn alle, Männer wie Frauen, wünschen sich doch mehr oder weniger heimlich afrikanische Traumlocken.

Das sehe ich in den Blicken der Frauen, die haarmäßig mit dem hierzulande üblichen Mindestsatz auskommen müssen: Mausgraue Flusen, die entweder depressiv an ihren Trägerinnen herumbaumeln, oder sogenannte »freche« Kurzhaarschnitte, die nicht nur dadurch an verkümmerte Pinsel erinnern, dass sie in jeden verfügbaren Farbtopf getaucht werden. Viele Männer meines Alters verlieren allmählich ihr Haupthaar, und das passiert Schwarzen auch. Nur meist später. Und ich muss anmerken, dass eine schwarze Glatze doch wesentlich cooler aussieht als die blasse mitteleuropäische Variante. Ist doch immer noch besser, im Alter mit einer blankpolierten, braunen Bowlingkugel rumzulaufen als mit einer Fleischmütze, oder?

Aber Haarausfall ist nicht mein Problem, im Gegenteil: Ich wollte wissen, ob auch andere erwachsene Schwarze gewuschelt werden, nur weil sie ihr Haar eher naturbelassen tragen.

Ich startete eine Umfrage, und das Ergebnis überraschte mich: Wir Schwarzen werden und wurden alle gewuschelt. Besonders Frauen berichteten mir, dass sie, wenn sie natürlich kraus aus dem Hause gingen, völlig unbefangen den Kopf durchgepflügt bekämen – von älteren Damen, von Männern in Anzügen, von Obdachlosen, von Rentnern. »Es ist entwürdigend«, berichtete mir eine Bekannte aufgebracht, »immerhin bin ich doch ein menschliches Wesen und kein Schornsteinfeger!«

Ich frage mich mittlerweile, ob wir Schwarzen unseren Wuschelfaktor nicht doch irgendwie positiv nutzen sollten. Wie wäre es mit einem Fernsehformat, in dem ein voll korrekter Streetworker so ein Paar schwer rechte Jungs einfängt und ganz behutsam an ein paar mächtige Afroköpfe heranführt? Nach dem Motto »Wuschel deine Agression weg«.

»Da, Sandro, fass doch mal an, ist wie Zuckerwatte, schön, oder?« Und Sandro packt zu, bekommt schon ganz feuchte Augen, und dann wuschelt er wie nie zuvor. Am Ende der Sendung wird Sandro ein anderer sein und statt Berufshooligan doch lieber Friseur werden wollen. Natürlich müssten die Schwarzen dafür entsprechend vergütet werden, denn so eine Konfrontationstherapie wirkt schon beim ersten Mal und ist bestimmt günstiger als ein Segeltörn durchs Mittelmeer oder das Schwimmen mit Delfinen.

Während ich noch überlege, ob die Delfine eigentlich ihre Schwimmstunden bezahlt bekommen oder nicht, fällt mir auf, dass ich gerade etwas ziemlich Verwerfliches gedacht habe: Haarprostitution! Teile des eigenen Körpers für Geld verkaufen, wie furchtbar!

Aber auch ausbaufähig: Da das Wuschelbedürfnis sich ja quer durch alle Gesellschaftsschichten zieht, könnte man das als Nebenjob betreiben. Der Neger würde sich einfach an eine Straßenlaterne lehnen, und wenn jemand auch nur neugierig guckt, einfach fragen: »Pssst! Na? Willste mal so richtig durchwuscheln? Komm, trau dich, es bringt auch Glück!«

»Okay, warum nicht? Was kostet denn einmal Wuscheln?«

»Zwanzig. Ohne Gummihandschuhe dreißig. Du wirst es nicht bereuen. Meine sind fünfzig Zentimeter lang.

Das sieht man jetzt nicht, aber wenn du mal so richtig zupackst, wirst du es spüren.«

So hätte doch jeder was davon, oder etwa nicht?

Leider musste ich feststellen, dass diese Geschäftsidee jemand anderes hatte: Der Hamburger Zoopionier Carl Hagenbeck hat im Sommer 1875 die exotische Faszination des Afros für eine wirtschaftlich sehr erfolgreiche Marketingidee genutzt. Er stellte in St. Pauli Menschen aus. Zunächst waren es Angehörige des Volks der Lappen, die in einer nachgebildeten »natürlichen« Umgebung gezeigt wurden. Er nannte es »Völkerschau«.

Dieser Menschen-Zoo war der Beginn einer sehr erfolgreichen Geschäftsidee. Man stellte Nubier, Hottentotten und besonders gerne Liliputaner aus. Aus sicherem Abstand konnten die Deutschen diese – natürlich hinter Gittern untergebrachten – Wilden betrachten. Dunkelhäutige Kinder trieben auf Baumstämmen durch einen künstlichen Tümpel und die Zuschauer warfen Geld ins Wasser, das die kleinen Negerkinder dort wieder herausfischten. Es muss eine Mordsgaudi gewesen sein, ein herrliches, buntes Treiben, also besser gesagt ein schwarzweißes Treiben, streng getrennt, und wenn man sich das länger als eine Sekunde lang bildlich vorstellt, wird einem speiübel davon.

Aber wenn die Leute sowas mögen, könnte man doch in Afrika deutsche Ballermannurlauber ausstellen. Auf etwas Sand (davon wäre schon genug vor Ort) stellt man einfach ein paar Liegestühle auf. Einige sturzbetrunkene, blasse Pauschalurlauber mit schön verbrannten Bierbäuchen und Hirnen sowie reichlich Bierdosen werden dort platziert, und wenn man denen erzählt, dass das alles all-inclusive ist, bewegen die sich auch keinen Millimeter weg; so spart man die Kosten für die Käfige. Die Afrikaner könnten dann Deutsche mal in ihrer natürlichen Umgebung beobachten. Alle vier Stunden werden die Ausstellungsstücke an die Sangria-Tränke geführt und fangen unweigerlich zu singen an – so lernen die Kenianer schöne deutsche Volksweisen kennen wie »Zwanzig Zentimeter« oder »Ich hab ’ne Zwiebel auf dem Kopf. Ich bin eine Döner«. Die Stimmung wird zwischen Faszination und leichtem Gruseln schwanken – genau wie damals in Hamburg.

Als besonderen Spaß dürften die Zuschauer versuchen, den Deutschen die Handtücher von den Liegen zu mopsen, dadurch entstünde ein zusätzlicher Thrill. Ich denke, das ist ein Konzept, das aufgehen könnte. Und damit verdiene ich erheblich mehr als mit Haarprostitution.

Das Wuscheln sollte dem privaten Bereich vorbehalten sein, wird mir nun klar, und ebenso schmerzlich wird mir bewusst, dass mein Haar momentan zu kurz ist, um eine schöne Frau damit zu bezirzen.

Allerdings gibt es Frauen, die auch ohne Afro zu allem entschlossen sind. Wenn der Neger alles so macht, wie sie es wollen, jedenfalls.

## 15. Von Negern und Sammlerinnen

Es tut immer weh, eine Abfuhr erteilt zu bekommen.

Besonders wurmt es mich, wenn mich nach einer Absage das Gefühl beschleicht, dass ich von vorneherein gar keine echte Chance hatte. Gerade bei Castings ist es oft so, dass die Zuständigen ihre Vorurteile einfach nicht ablegen können:

»Ach wissen Sie, Herr Jung, es tut mir leid, aber wir sehen Sie leider nicht in der Rolle des Helden, nicht in dieser Produktion.«

»Wieso denn nicht?«

»Also, wie soll ich sagen, die Figur des Björn Svensson ist irgendwie anders angelegt ...«

»Wie meinen Sie das, ›anders‹? Ich kann sogar segeln. Und Tennis spielen, ein bisschen.«

»Wissen wir, wissen wir ...«

»Alter, Größe, Stimmlage, das passt doch alles haargenau auf die Rollenbeschreibung. Warum sollte ich keinen schwedischen Millionärssohn spielen, der seine große Liebe bei einer Regatta auf Sylt findet?«

»Na ja ... also, die Rolle des Kellners ist doch auch sehr schön. Sogar eine Sprechrolle, zwei Szenen.«

»Äh, ja. Kellner, schöne Rolle. Wär's das? Sind Sie dann fertig, meine ich?«

»Sehen Sie, Herr Jung, Ihren Text haben Sie auch schon fast drauf.«

Nach solchen Gesprächen hilft nur eines: den halben Abend lang Trübsal blasen, das angestaute Selbstmitleid mit einer Flasche Wein verdünnen und dann raus vor die Tür, bevor einem die Decke auf den Kopf fällt.

Da alle guten Freunde am nächsten Tag arbeiten müssen, streunt man dann ziellos durch die Gegend und landet vor einem Laden, den man sonst nie betreten würde. Einen Club, eher eine Art Lounge, in der die traurigen Wochenendveranstaltungen nicht »Ü-30-Party« genannt werden, sondern schlecht getarnt unter »My Generation« laufen. Und alles, was den Betreibern spanisch vorkommt, wird »Salsa-Abend« genannt.

An diesem Dienstag ist die Musik eher »chillig«, sprich einlullend, und die Getränkekarte rechtfertigt die horrenden Preise mit garantiert ökologischem Anbau von Kaffee, Hopfen und Malz. Gutes Gewissen kostet eben extra.

Immerhin gibt es die Oliven zum Wein dazu, also setze ich mich an die Theke und versuche, unsichtbar zu bleiben. Es gelingt nicht.

Noch bevor ich den ersten Schluck getrunken habe, erscheint eine Frau neben mir an der Bar und gurrt mir lächelnd ins Gesicht:

»Hallo, du, ich finde dich total interessant.«

Ich lächle ebenfalls, wenn auch eher irritiert.

Gut, ob wir einen Menschen als sympathisch, nett oder sexy empfinden, entscheidet sich angeblich innerhalb von nur dreißig Sekunden, aber *interessant*? Unauffällig kontrolliere ich, ob mir vielleicht eine Stück Olive zwischen den Zähnen hängt, welches mir ein interessantes Aussehen verleihen könnte. Die Frau nutzt den Moment schamlos aus.

»Kann ich mich zu dir setzen?« fragt sie und schwingt ihren Hintern gleichzeitig auf den Hocker zu meiner Linken. Ist sie unverschämt oder leide ich unter Gedächtnisschwund? Aller Wahrscheinlichkeit nach Letzteres, denn ich muss sie ja irgendwoher kennen. Sonst würde sie mich nicht duzen, angurren und meine letzte Olive verputzen.

Aber woher? Irgend etwas an ihr kommt mir schon bekannt vor. Ihre rotgefärbten Haare? Die schwarz angemalten Augenbrauen? Oder gar ihr Walla-Walla-Kleid? Hatte sie nicht ebenfalls heute bei dem Casting vorgesprochen, als die weise Zigeunerin, die Björn Svensson seine große Liebe voraussagte?

Ich lasse es drauf ankommen: »Kennen wir uns?« Sie kichert. Warum kichert sie?

»Noch nicht«, flötet sie nun albern und hebt ihr Weinglas, »aber ich bin die Ingrid. Wie heißt du denn?«

So, so, Ingrid. Die irritierende Ingrid, um genau zu sein. Denn die Art, wie sie jedes ihrer Worte betont, als sie nach meinem Namen fragt, langsam und überdeutlich, erweckt den Eindruck, als sei sie leicht sprachbehindert. Oder betrunken. Oder beides. Tapfer antworte ich: »Hallo Ingrid, ich bin der Marius. Und ... äh ... bist du öfter hier?«

Noch bevor ich mich für diesen ungewollten Anmachspruch innerlich ohrfeigen kann, gackert Ingrid schon los: »Oh, wer hat dir denn den Spruch beigebracht?«

»Hä?«, denke ich laut, aber Ingrid hebt schon scherzhaft drohend ihren Zeigefinger und belehrt mich. »Na, mit solchen Sprüchen kann man aber heutzutage nicht mehr bei einer Lady landen. Ich bin auch nicht erst seit gestern auf der Welt, weißt du?«

Wissen wäre zuviel gesagt, aber ich hatte es mir schon

gedacht. Um sich ein derart unvorteilhaftes, folkloristisch angehauchtes Ensemble zusammenzustellen, wie Ingrid es trägt, bedarf es schon einiger Dekaden des Abgrasens von Ethno-Märkten im gesamten Bundesgebiet. Ihr Patschouli-Duft betäubt mich zusätzlich.

»Entschuldigen Sie, war nicht als Anmache gemeint«, versuche ich zu retten, was zu retten ist, und trinke hastig. Ingrid macht große Augen: »Nein, nein, ich muss mich entschuldigen, wie solltest du das auch wissen, es ist bestimmt alles sehr neu und fremd hier für dich?«

Ich nicke langsam, weil ich langsam bin. Ich denke tatsächlich, dass Ingrid den Laden meint, der mir fremd erscheinen könnte.

»Woher kommst du eigentlich?«, hakt sie nach, und nun schwant auch mir etwas.

Verschiedene Antwort-Varianten liegen mir auf der Zunge, leider sprudelt die Wahrste von allen heraus: »Jetzt gerade? Von zu Hause.«

Ingrid schlägt sich auf die Schenkel, also lege ich nach: »Also aus Sülz. Oder Klettenberg. Die einen sagen so, die anderen sagen so.«

»Du sprichst verdammt gut Deutsch«, kommentiert Ingrid, und ich muss lachen.

»Ja, das liegt daran, dass ich zugezogen bin. Bin gar kein Kölner, weißt du?«

Ingrid legt die Stirn in Falten, trinkt einen großen Schluck, der ihr wohl beim Denken helfen soll, aber – versagt. »Also, du bist gar kein *echter* Afrikaner, oder? Ich dachte, weil deine Stirn schon sehr südsudanesisch aussieht.«

Ich bin verdutzt. Noch nie hat jemand bei mir eine

sudanesische Stirn diagnostiziert, weder Nord noch Süd. Ingrid hält mein Schweigen für den Wunsch nach mehr Information, sie holt aus: »Ja, da staunst du, was? Ich bin nämlich nicht eine von denen, die sagt. ›Die Schwarzen sehen alle gleich aus‹, nein, ich kenne ja einige sehr gut, ich bin mit vielen Schwarzen sehr gut befreundet, und ich kann da schon Unterschiede sehen, das glaube mir mal ...«

Ich nicke. Warum sollte ich dieser Frau nicht glauben, dass sie Unterschiede bei ihren sehr guten Freunden wahrnimmt? Geht mir selbst ja auch so, und es erleichtert den Alltag ungemein.

Ingrid doziert weiter. »Mein erster Mann, der kam ja aus dem Sudan, unglaublich freundlich, die Leute da unten ...«

»Wahrscheinlich alle *total* nett, wie man so hört«, murmele ich und gebe dem Kellner ein Zeichen, dass er mein Glas auffüllen solle. Ingrid hat wohl den zynischen Unterton in meiner Bemerkung nicht verstanden, sondern fährt unbeirrt fort: »Ja, das mit den Kriegen ist natürlich schrecklich, soviel Leid, das macht die Menschen da auch kaputt. Aber die wollen ja auch nicht so leben, bestimmt nicht, nein. Die haben auch ihre Träume, das glaub mir mal. Die hätten es auch lieber schön und sauber, so wie wir hier, auch wenn es nur für einen Abend wäre, verstehst du?«

Mein Wein kommt glücklicherweise, und ich stelle mir vor, wie Millionen von Afrikanern davon träumen, einen Abend mit Ingrid zu verbringen. Kaum vorstellbar für uns Wohlstandskinder. Ich träume eher davon, dass dieser Abend bald schön und sauber und solo zu Ende geht.

© privat

Übermäßiger Alkoholgenuss
ist nach Auskunft
der Deutschen Ärztekammer
manchmal die letzte
Rettung.

Ingrid nippt ebenfalls an ihrem Glas und fügt versonnen hinzu: »Und der Jerome hat mich dann trotzdem verlassen.«

»Aha«, sage ich, kombiniere, dass Jerome ihr Ex-Mann ist, den ich jetzt schon heimlich bewundere, weil er den Absprung geschafft hat. Guter Mann, ich proste ihm im Geiste zu, wo immer er sein mag. Seine Ex-Frau gerät ins Jammern:

»Nach zwei Jahren ist er abgehauen, obwohl ich alles für ihn getan habe. Den ganzen Papierkram habe ich gemacht, die Ämtergänge. Er hat immer schöne Sachen gehabt zum Anziehen. Markenklamotten. Der hatte es wirklich gut bei mir!«

Ich verschlucke mich, huste sehr, werde aber leider nicht bewusstlos. Ingrid klopft mir beherzt auf die Schulter.

»Ist ja gut, musst dich nicht erschrecken, wenn eine Frau mal sagt, wie es ist.«

Ich huste weiter und kann daher den Kellner nicht davon abhalten, mir einen neuen Wein einzuschenken. Er grinst mich verschwörerisch an. Oder schadenfroh? Wenn ich bedenke, dass er ebenfalls dunkelhäutig ist ... Ich bringe ebenfalls ein Grinsen zustande. Ich gönne dem Mann seinen Spaß. »Danke, Gordon!«, wendet sich Ingrid an den Kellner und fügt im Ton einer stolzen Plantagenbesitzerin hinzu: »Den Job hier hab ich dem Gordon besorgt. Hab meine Beziehungen spielen lassen.«

Ich schaudere bei dem Gedanken, wie Ingrid ihre Beziehungen wohl spielen lässt. Gordon ergreift die Flucht ans andere Ende der Theke und tut so, als müsse er dort dringend ein paar Gläser polieren. Ich notiere mir mental, dass ich das Rollenangebot vom heutigen Castingchef annehmen werde. Kellner spielen ist großartig, da bin ich mir plötzlich ganz sicher. Ingrid hat sich unbemerkt noch näher an mich herangeschoben, zutraulich hechelt sie in mein Ohr:

»Bei meinem Zweiten, beim Pierre, da war ich schlauer. Da wusste ich genau, was ich wollte.«

»Was denn?«, frage ich wimmernd, und stelle mir vor, wie ein halbnackter, schwarzer Mann in Ingrids Keller angekettet liegt, wo sie ihn einmal am Tag mit Hirse füttert. Fair gehandelter Hirse, vermutlich.

Ingrid sieht mich überrascht an. »Na, Kinder natürlich. Ich war ja schon knapp vierzig, und irgendwann ruft Mutter Natur, du wirst das doch kennen, oder, mein Schokoprinz?«

Entschlossen kippe ich den Rest meines Weines in die

Palme. Ich muss hier weg, die Frau macht mir Angst. Doch Ingrid lehnt sich entschlossen an mich, eine Träne glitzert in ihrem Augenwinkel: »Und die beiden waren ja auch so süß, als die klein waren. Heute sind die genau wie ihr Vater, stinkfaul und keinen Respekt gegenüber Frauen. Tja, manches ist wahrscheinlich eher in den Genen ...«

Jetzt reicht es mir, unsanft ziehe ich an Ingrids Fingern, die mein Handgelenk umklammert halten: »Tja, Ingrid, das ist alles sehr traurig, mit den Genen und so, aber ich muss jetzt auch los ...«

Ingrid schnaubt verächtlich. »Ja, verstehe, Kleiner, ich bin ein bisschen viel Frau für dich, damit könnt ihr nicht umgehen, das kennt ihr nicht, von da unten, eine selbstbewusste Frau, die ihre Meinung sagt und sich nimmt, was sie braucht, oder?«

»Ich komme aus Trier!«, entgegne ich ebenso entrüstet wie belämmert, aber Ingrid hört mich schon gar nicht mehr, sie torkelt zur Garderobe und schimpft: »Ich bin ein wirklich guter Mensch, wirklich gut, ich helfe immer, aber immer werde ich nur ausgenutzt! Die sind doch alle gleich, die ...« Ich halte den Atem an, Ingrid dreht sich mit der Klinke in der Hand zu mir um: »... die *Männer*, in diesen Läden.« Und weg ist sie.

Ich lasse ihr einen kleinen Vorsprung, dann winke ich Gordon: »Zahlen, bitte.«

»Das waren acht Rotwein, also 32 Euro«, rechnet er mir nüchtern vor.

»Wieso, ich hatte höchstens drei«, protestiere ich lahm, ich kann mir schon denken, wie diese Rechnung zustandegekommen ist. Ich drücke Gordon das Geld in die Hand, er klopft mir auf die Schulter und sagt: »Ja, ich überlege oft, ob ich sie rausschmeißen soll, die gute Ingrid, aber dann denke ich mir, dass sie einen gewissen Unterhaltungswert hat. Sie ist auf ihre Weise ... interessant.«

»Und für den Umsatz ist sie auch gut« füge ich hinzu, während ich mein Lehrgeld für den Abend bezahle. Gordon nimmt die Scheine entgegen: »Im Grunde ist es ja tragisch, mit der Ingrid: Stell dir vor, du wärst so auf einen Typ festgelegt, dass du jede Schwarze, die deinen Weg kreuzt, für die Frau deines Lebens hältst?«

Ich stimme zu. »Du hast Recht, das wäre furchtbar – dann wäre ich Boris Becker.«

Gordon verzieht das Gesicht in gespielter Empörung, muss aber gestehen: »Der hatte wenigstens mit dreißig ausgesorgt. Tennis spielen müsste man können, was?«

»Ach weißt du, Gordon, lass dir von einem Bruder etwas sagen – das bringt einen auch nicht immer weiter. Tennis spielen können, meine ich. Manchmal ist es wichtiger, dass man Gläser polieren kann«.

Mit diesen denkwürdigen Worten verlasse ich das Lokal – entschlossen, es nie wieder zu betreten. Obwohl Gordon ein netter Kerl zu sein scheint – die Angst vor Ingrid ist größer. Die Leben ist manchmal so ungerecht wie ein Casting-Agenturchef.

# 16. Test: Haben Sie das Zeug zur Negersammlerin?

Suchen Sie das Besondere? Fehlt Ihnen das nötige Kleingeld für teure Designerschuhe und Sie wollen trotzdem ein wenig exklusive Exotik in Ihr Heim bringen? Beantworten Sie die folgenden Fragen und finden Sie heraus, ob Sie zur weißen Massai taugen.

1. **Ihre beste Freundin lädt Sie zu einem Reggae-Konzert ein. Was ziehen Sie an?**

a) Den kunterbunten Leinenkaftan! Der passt gut zu meinen Rastalocken und zu meinen nackten Füßen.

b) Ein Bob-Marley-T-Shirt, einen korrespondierenden Plüschzylinder in Jamaicafarben und jede Menge vorgedrehte Joints

c) Auf jeden Fall kein Höschen

d) Die Klamotten meiner besten Freundin
Die schließe ich nämlich nackt bei mir im Bad ein, damit sie mir nicht die Kerle wegschnappt!

2. **Ein schöner schwarzer Mann fragt Sie an der Bushaltestelle nach der Uhrzeit. Was tun Sie?**

a) Ich versuche, ihm 14 Uhr 45 in der Weise seines Stammes vorzutanzen.

b) Ich gebe ihm mein ganzes Geld, damit er sich eine Uhr kaufen kann.

c) Ich frage, ob er mich heiraten will.

d) Ich rufe: »Die Nacht ist jung!« und zwinkere.
   Notfalls ziehe ich mich aus.

3. Im Fernsehen schauen Sie am liebsten ...

a) Schicksalsreportagen auf Pro 7

b) Anrührende Spielfilme

c) Alte Videoaufzeichnungen von Mola Adebisis
   VIVA-Moderationen

d) Tiere suchen ein Zuhause

© Jenny Egerer

4. Reality Check: Welche Vorteile erwarten Sie von
   einem schwarzen Mann als Partner?

a) Gesellschaftliches Ansehen; vor meinen Freundinnen
   könnte er so tun, als sei er mein Gärtner.

b) Süße Schokobabys!

c) Die Hauptrolle in einer Schicksalsreportage auf Pro 7
d) Einen klangvolleren Nachnamen als Schmitt

5. Sie sind zu spät auf einer Über-30-Salsa-Single-Party angekommen und alle schwarzen Tanzpartner sind leider vergriffen.
Wie ziehen Sie sich aus der Affäre?
a) Ich stürze mich auf das Buffet.
b) Ich zeige den weißen Männern Fotos von meinen halbwüchsigen Kindern, um sie abzuschrecken.
c) Ich renne auf die Straße und greife mir den Rosen-verkäufer.
d) Ich wahre das Gesicht und bleibe ehrlich. Wenn mich Jürgen oder Ulf auffordern, lehne ich höflich ab, mit den Worten. »Tut mir leid, ich bin Rassistin!«

6. Wie Sie wissen, gehört zu den vielen Vorteilen des schwarzen Mannes auch, dass er gnädiger altert. Wie halten Sie sich Ihren Schokoboy auch noch nach zehn Jahren warm?
a) Ich verstecke seinen Pass.
b) Ach herrje, solange es nur Sex mit anderen ist! Mu'tonga und ich haben von Anfang an auf einer spirituellen Ebene kommuniziert. Und auf keiner anderen.
c) Ich kleide mich konsequent wie ein Teenager, Vorbild: »Trailerparkqueen«.
d) Ich schaue mich ebenfalls um. Bei »Tiere suchen ein Zuhause«.

PRODUKTION

DIRECTION

LOCATION

DATE            TIME

# 17. Exotisch, Lieb, Jung sucht ... Neger im TV

Das Berufsbild eines aufstrebenden Schauspielers lässt sich am besten mit dem eines Feuerwehrmanns vergleichen: Neunzig Prozent seines Arbeitsalltags verbringt man mit Warten, bis endlich der Alarm klingelt. In diesem Moment heißt es: blitzschnell parat stehen. Von null auf hundert in einer Sekunde, schnurstracks die richtigen Werkzeuge mit sicheren Handgriffen hervorzuzaubern und los. Dabei ist es in beiden Berufen ganz wichtig, cool zu bleiben und sich möglichst nicht ansehen zu lassen, was man denkt: »Bitte, bitte, lass es einen schönen Großbrand sein, bitte, ich will der sein, der das Baby aus dem 8. Stock rettet, oder wenigstens den Hund, bitte nicht wieder nur eine Katze vom Baum retten.«

Und dann darf man nicht zu enttäuscht gucken, wenn man am Ort des Geschehens keinen amtlichen Brand vorfindet. Und noch nicht mal die obligatorische Katze im Baum, sondern: den Wasserrohrbruch. Ja, zehn Stunden zu warten, um dann knietief in der Scheiße zu stehen, das kann aufs Gemüt schlagen. Da kann man die Statistik nachvollziehen, in der es heißt, dass die meisten Brände von Berufsfeuerwehrmännern gelegt werden. Schauspieler mit geknicktem Ego neigen dementsprechend dazu, miese Filme auf eigene Kosten zu produzieren.

Der Arbeitsalltag eines angehenden schwarzen Schauspielers allerdings ließ sich, zumindest Anfang der 90er-Jahre in Deutschland, nicht mit dem eines Berufsfeuer-wehrmanns, sondern eher mit dem eines unabhängigen, freischaffenden Katzenretters gleichsetzen.

Als ich vor meinem ersten TV-Auftritt auflief, sah mich die vermeintliche Regisseurin an, als hätte sie in höchster Not die 112 gerufen und statt der Mannschaft mit kompletter Ausrüstung wäre ein Zwerg ohne Leiter erschienen:

»Jetzt haben wir aber ein Problem«, grüßte sie mich panisch, und ich reagierte gewohnt empathisch. »Problem? Wieso Problem? Ich will kein Problem sein, ich will vor die Kamera. Oh bitte, sagen Sie mir, was ich anders machen soll. Habe ich die Rolle missverstanden? Geben Sie mir eine Chance, ich komme einfach noch mal rein und ...«

Die Dame unterbrach mich verwirrt. »Na ja, also ich bin die Maskenbildnerin, und wenn ich mir Ihre Haut so angucke, da habe ich nichts für Sie dabei. So gar nichts in Ihrem ... Ton.« Die Dame deutete entmutigt auf ihren Schminkkoffer, der die Größe eines Wohnwagens hatte. Nichts in meinem Ton. Wow. Dreißig Jahre, nachdem ein Mann auf der anderen Seite des Atlantiks einen Traum gehabt hatte, steckte ich in einem Albtraum, zusammen mit einer hysterischen Stylistin: »Das hat mir aber auch keiner gesagt, sonst hätte ich das bestellen können, das Zeug, irgendwo ...«, stotterte sie, völlig verzweifelt.

Stylisten verzweifeln nicht so leicht. Und sie reden nie von »dem Zeug«, sondern normalerweise von hochwertigen Produkten, mit denen sie Wunder in Gesichtern vollbringen, die im Rohzustand aussehen wie die

Rückseite des Mondes. Daher änderte ich meine Taktik. Wenn sie beschlossen hatte, durchzudrehen, war es wohl meine Aufgabe, die Ruhe und den Überblick zu behalten: »Gute Frau, was verwenden Sie denn bei den Leuten, die immer noch denken, ein Solariumbesuch sei gesundheitsfördernd?«, fragte ich, und diesen Geistesblitz sollte ich augenblicklich bereuen. Aus den bröckeligen Resten des Make-ups von der letzten Modern-Talking-Tour und einem braunen Lidschatten mixte die Maskenbildnerin schließlich eine Paste zusammen, die nicht nur meine Poren zuzementierte, sondern der Hauptgrund dafür sein dürfte, dass ich im letzten Jahrhundert keine sensationelle Fernsehkarriere gestartet habe. Aber bleiben wir sachlich: Videoaufnahmen der Sendung beweisen, dass ich beim besagten Auftritt nur etwas hölzerner als Pinocchio aussah. Ein etwas verkohlter Pinocchio, selbstredend.

Immerhin lehrte mich dieses Erlebnis, dass »allzeit bereit« für einen höher pigmentierten Schauspieler zu dieser Zeit nicht nur bedeutete, den Text im Schlaf zu können, sondern auch, stets den Kulturbeutel griffbereit zu haben. Das »Zeug« musste ich damals tatsächlich aus den USA importieren. Ich kaufte bei der Gelegenheit auch gleich ein Set Heftpflaster im entsprechenden Hautton. Die gab es in Deutschland übrigens bis vor wenigen Jahren nicht zu kaufen. Noch heute liegt mein Afro-MacGyver-Set stets parat. Falls es irgendwo brennt, möchte ich nie wieder als Problem dazukommen.

## UH! HURA! – DER TV-SKANDAL DER 60ER

Die Amerikaner haben sich dem Thema Rassismus bereits in den 60ern mit einer schönen Fabel genähert. Oder sagen wir: Sie haben die Verständigung zwischen verschiedenen Rassen und deren Probleme beschrieben. Es war eine moderne, eine zukunftsorientierte Fabel mit Namen *Star Trek* (in Deutschland: *Raumschiff Enterprise*). In dieser Serie wurde seit 1966 die Überwindung von Hunger, Armut und Kapitalismus beschrieben. Revolutionär! Staatsgefährdend! Unamerikanisch! Na und? Denn erst am 22.11.1968 passierte das eigentlich Unglaubliche. Nicht etwa die Wahl eines Klingonen zum US-Präsidenten (auch wenn Richard Nixon so aussah). Viel schlimmer! Eine schwarze Schauspielerin, Nichelle Nichols, bekam erstmals eine größere Rolle in einer Fernsehserie. Und was tat sie, anstatt dankbar in der Ecke zu sitzen und nicht weiter zu stören? Sie verführte einen weißen Mann zu einem Kuss. Ein weißer Mann küsste eine schwarze Frau – zum ersten Mal überhaupt auf dem Bildschirm. Und zu allem Überfluss war es nicht irgendein weißer Mann, sondern der Captain! James Tiberius Kirk. Der Mann, von dem *alles* abhing. Was für ein Sakrileg. War man denn sicher, dass er nicht sofort tot umfallen würde? Oder selbst schwarz werden? Wie konnte man so etwas nur riskieren?! Immerhin: Der erste Filmkuss zwischen einem weißen Mann und einer schwarzen Frau wurde vorsichtshalber in einer Science-Fiction-Fabel versteckt. In einer Welt, in der Vulkanier und Russen zur Besatzung eines Raumschiffs der Guten gehören konnten, da mochte auch so etwas Verrücktes und Perverses wie der »interracial kiss« durchgehen. Aber seien wir

ehrlich: Wahrscheinlich wurde am 22.11.1968 der Grundstein
für die AIDS-Epidemie gelegt.

Jedenfalls: Die US-Öffentlichkeit rastete aus. In Leserbriefen
wurde der Kuss als »widernatürlich« beschrieben. Nicht
schlecht. In einer Serie, in der Wesen aus anderen Galaxien,
mit teilweise anderem Aggregatzustand als die Menschen,
mit uns kommunizieren und auch Sex haben, regte es viele
Menschen auf, dass sich zwei Menschen küssten. Viele
US-Bundesstaaten verboten damals eine Ausstrahlung dieser
Folge.

Wenn man hierzulande Fernsehen schaut, denkt man ja
häufig: »Wer denkt sich diesen Schwachsinn aus?« Schaut
man jedoch hinter die Kulissen, stellt man fest: »Was hier
abläuft, kann man sich gar nicht ausdenken.«

1993 hatte ich die große Ehre, meine erste kleine Kino-
rolle zu spielen. Der Regisseur des Films schlug mich
ein Jahr später für eine Episodenhauptrolle in einer
Vorabendserie vor. Meine Freude war unermesslich. Ich
sollte einen wahrhaft diabolischen Typen spielen. Ein
Diskothekenbesitzer, der nach außen smart und sympathisch wirkt, aber tatsächlich einen Ring von Koksdealern
betrieb. Ich saugte das Drehbuch auf und konnte es kaum
erwarten, den großen Drogenboss zu geben. Beim Treffen mit Regisseur und Produktionsteam wurde ich emp-
fangen, als wäre ich beim Meeting der Pollenallergiker
gelandet. Alle hüstelten fortwährend, lange war keiner
in der Lage zu sprechen.

Der Produzent brachte mir schließlich vorsichtig bei,
dass ich für die Rolle leider nicht in Frage käme.

Die Welt stand einen Augenblick still. Dann endlich gab ich souverän all meiner Fassungslosigkeit, Wut und Enttäuschung Ausdruck: »Oh, schade«, kiekste ich leise. In meinem Kopf ging ich alle möglichen Gründe für diese brutale Sofortabsage durch. Von: »Sie sehen viel zu lieb aus. Da glaubt Ihnen doch keiner, dass Sie Koksdealer sind« über »Irgendwie kommen wir nicht damit zurecht, dass Sie fünf Finger an jeder Hand haben« bis zu »Koks nennt man auch Schnee. Da brauche ich einen nordischen Typen. Das verstehen Sie doch?« war ich auf alles gefasst.

Doch sie kamen mit dem Totschlagargument: »Koksdealer, und dann noch der Super-Ober-Chef eines Drogenrings, das ist zu böse. Wir dürfen einen Farbigen im deutschen Fernsehen nicht so darstellen. Da rennt uns die Presse die Bude ein. Das käme zu einem Skandal, den wir nicht brauchen können.«

Faszinierend. Ich dachte immer, beim Fernsehen wäre jeder Skandal willkommen. Weniger faszinierend war, dass ich die Rolle nicht bekam. Und auch noch aus politisch-korrekten Gründen. So dass ich nicht mal richtig böse sein durfte – noch nicht mal gespielt. Ein kleiner Haschdealer, das wäre selbstverständlich möglich gewesen, sogar fast perfekt, aber so einen richtig fiesen Drogenbaron, nein, schon zu meinem eigenen Schutz nicht. Und wahrscheinlich trauen die Zuschauer einem Schwarze die Führung einer größeren, komplexen Verbrecherorganisation auch einfach nicht zu. Da muss man als Regisseur ja auch drauf Rücksicht nehmen!

Fakt ist, immer noch: Im deutschen Fernsehen spielen Schwarze erstens wenig und zweitens meist die gleichen

© privat

**»Ich möchte aber auch mal einen
Chefarzt spie...« – »Klappe!«**

Rollen. Dunkelhäutige Frauen werden gerne als Putz-
frauen, Prostituierte und natürlich Asylbewerberinnen
besetzt, während farbige Männer eher für kleine Gras-
dealer, Musiker und natürlich auch für Asylbewerber prä-
destiniert sind. Bei der letzteren Rolle gilt es, acht Jahre
Sprechunterricht möglichst schnell zu vergessen und
beim Casting nicht versehentlich einen Nebensatz fallen
zu lassen.

Das ist wahrscheinlich nicht mal böse gemeint, aber
im Ergebnis ist es ein positiv gemeinter Rassismus, der
System hat. Schaudernd stellt man sich vor, wie der Poli-
tical-Correctness-Ausschuss des Senders dem dunkel-

häutigen Bewerber ein paar Vorschläge macht, die zuvor mit der Anti-Rassismus-Beauftragten des Rundfunkrats besprochen sowie von einem Anwälteteam abgenickt wurden: »Ah ja, Sie kommen, weil Sie in unserem Mittwochskrimi mitspielen wollen. Puh, also da geht es ja um Mord, nicht wahr, also fallen Sie als Täter schon mal völlig aus, klar. Und der Gerichtsmediziner ebenfalls, der wird schon von einem echten Gerichtsmediziner gespielt, es soll ja authentisch bleiben. Aber keine Sorge, wir werden Sie nicht mit so einem Kurzauftritt abspeisen. Wir haben festgestellt, wenn wir Schwarze zu oft als Paketboten besetzen, wird das auch nicht gern gesehen. Und der Schrebergärtner geht nun mal nicht, da hört für die CDU leider der Spaß auf. Der Sportlehrer geht auch nicht, wegen der Elternverbände. Tja, vielleicht kann man was am Drehbuch machen. Einen Nebenstrang einbinden, da könnten Sie ein wenig kleinkriminell werden. Ich kann mir da was mit leichter Körperverletzung vorstellen. Also ganz leicht, ohne Waffen. Natürlich dürfen Sie keine Frau schlagen, oh Gott, sonst müssten wir auch die Frauenbeauftragte einschalten, nein, aber vielleicht einen Mann ... schubsen. Ja, Sie schubsen einen großen, weißen Mann, vielleicht eher so aus Versehen, im Hintergrund. Ach, das wirkt aber so unaufgelöst, klar, könnte missverstanden werden.

Machen wir es anders: Mundraub, wie wäre es mit Mundraub? Die Rolle ist nicht besonders spannend, aber das ist doch niedlich. Der arme Farbige klaut sich was zu essen. Von der Hauptkommissarin. Das ist süß und irgendwie witzig, vielleicht können wir das sogar fest in die Serie mit einbauen, dass sich das entwickelt: In der

nächsten Folge könnte die Kommissarin Ihnen dann vielleicht schon ein Schälchen Milch auf die Veranda stellen.
Das gibt 'ne gute Presse.«

Könnte ich mir vorstellen, und zwar alles. Statt also
den König Lear auswendig zu lernen, sollte ich mal für
den Notfall üben, wie man ohne Hände aus einer Schale
schleckt, und es kann bestimmt nicht schaden, wenn ich
lerne, wohlig zu schnurren.

Damit es kein Problem und keinen Skandal gibt, wenn
das Fernsehen wieder nach mir ruft. Und das werden sie.
Ist ja Farbfernsehen, nicht schwarz-weiß.

Leicht zu verwechseln:
Marius Jung (links) und Apfel Holger

# 18. Neger und Witze

Negerfreunde aufgepasst: Über welche der folgenden Witze darf man lachen und über welche nicht?

Ein Schwarzer und ein Weißer unterhalten sich. Irgendwann platzt dem Schwarzen der Kragen: »Hör mal, wenn ich zur Welt komme, bin ich schwarz. Wenn ich aufwachse, bin ich schwarz. Wenn ich in der Sonne war, bin ich schwarz. Wenn mir schlecht ist, bin ich schwarz. Wenn ich friere, bin ich auch schwarz. Selbst, wenn ich mal sterbe, bin ich schwarz. Und du? Wenn du geboren wirst, bist du rosa. Wenn du größer wirst, bist du weiß. Wenn du an der Sonne warst, bist du rot. Wenn dir schlecht ist, bist du grün. Wenn du frierst, bist du blau. Und wenn du mal stirbst, wirst du grau. Und dann sagst ausgerechnet du zu mir FARBIGER?«

FRAGE: Was ist grün und mäht meinen Rasen?
ANTWORT: Ich kann meinen Neger anmalen wie ich will!

FRAGE: Wie nennt man einen Farbigen, der ein Flugzeug fliegt?
ANTWORT: Pilot, du Nazi!

FRAGE: Was ist beim Farbigen lang und hart?
ANTWORT: Der Arbeitstag.

FRAGE: Was ist der Unterschied zwischen einem Farbigen und Winterreifen?
ANTWORT: Winterreifen fangen nicht an zu singen, wenn man ihnen Ketten anlegt.

FRAGE: Was ist oben weiß und unten schwarz?
ANTWORT: Die Gesellschaft.

FRAGE: Was kommt raus, wenn man einen Schwarzen und einen Tintenfisch kreuzt?
ANTWORT: Keine Ahnung, aber es kann verdammt schnell Baumwolle pflücken!

FRAGE: Was ist ein Schwarzer vor Gericht?
ANTWORT: Schuldig!

FRAGE: Was macht ein Schwarzer auf einem Sofa?
ANTWORT: Ein Niggerchen.

Treffen sich zwei schwarze Musiker in New York. Sagt
der eine: »Du siehst ja schlimm aus. Was ist los?« – »Oh,
Mann, mir gehts heute gar nicht gut. Ich hab heute
Nacht einen fürchterlichen Albtraum gehabt!« – »Du
siehst ja wirklich schrecklich aus, was hast du denn geträumt?« – »Ich hab geträumt, ich wäre ein Weißer und
würde auf eins und drei klatschen!«

FRAGE: Warum essen Neger am liebsten weiße Schokolade?
ANTWORT: Damit sie sich nicht in die Finger beißen.

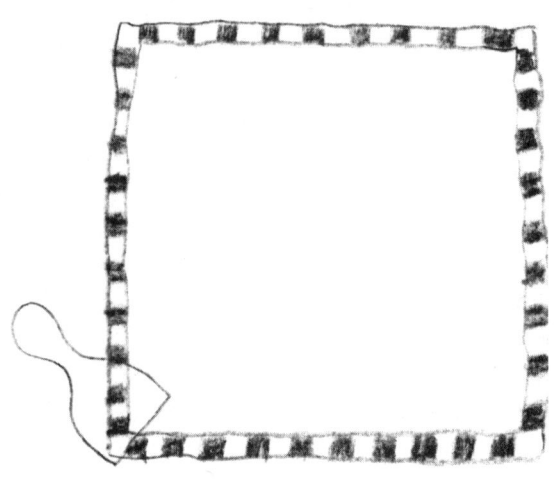

# 19. Da war'n sie alle futsch
## Das Verschwinden der Negerlein

56 Jahre! 56 Jahre lang konnten sie sich in einem kleinen Dorf verstecken, die beiden Negerlein. Aber dann wurden sie doch erwischt von der Sprachpolizei. Und umgehend abgeführt.

Im beliebten Kinderbuchklassiker »Die kleine Hexe« von Otfried Preußler, erstmals erschienen 1957, heißt es in der Faschingsszene der Originalversion: *»Wie kamen die beiden Negerlein auf die verschneite Dorfstraße?«* Aber Anfang 2013 kündigte der Thienemann Verlag eine überarbeitete Version an, die in Abstimmung mit der Familie Preußler auf Wörter verzichten soll, die »nicht mehr im ursprünglichen Bedeutungsgehalt gebraucht oder verstanden werden« – wie zum Beispiel »Zigeuner«, »wichsen« und eben: »Negerlein«.

Super! Jetzt ist alles gut! Der Rassismus, der sich durch das finstere Wirken von Autoren wie Otfried Preußler und Astrid Lindgren klammheimlich und über Generationen in deutschen Kinderzimmern und Stadtbüchereien eingenistet hatte, ist durch das Streichen dieses Worts besiegt, ausgerottet und verschwunden. Unsere Kinder werden in einer sauberen, guten Welt aufwachsen und niemals mit dem Phänomen des Rassismus oder bösen Wörtern im Berührung kommen. Ein großer Sieg für den Humanismus! Leute, ich freu mich!

Aber mal im Ernst: Habt ihr sie noch alle?!? Damit ich

nicht missverstanden werde: Ich bin selbstverständlich dafür, dass Kindern der Kontext dessen erläutert wird, was man ihnen vorliest. Kinder denken nicht historisch, also ordnen sie den Begriff »Neger« nicht automatisch als »heute problematisch, aber früher üblich« ein. Dafür brauchen sie jemanden. Ich weiß nicht, wie es Ihnen geht, aber ich fühle mich wohler, wenn diese Aufgabe bei den Eltern liegt und nicht bei der Peer Group auf der Straße oder auf dem Schulhof. Gerade ein beliebtes, identifikationsstarkes Buch wie die »Kleine Hexe« wäre ein idealer Anlass, mit Kindern über Begriffe wie »Zigeuner« und »Neger« zu sprechen. Denn das Wissen, dass man diese Wörter lange verwendet hat, ohne das als explizit rassistisches Statement zu meinen, sollte man Kindern ja nicht vorenthalten, oder?

Was mich nervt, ist erstens der Glaube, man schaffe unangenehme Sachverhalte aus der Welt, indem man sie nicht mehr benennt und Wörter aus dem Sprachschatz tilgt. Das Gegenteil ist der Fall. Ein schönes Beispiel dafür ist die DDR, in der es offiziell keinen Rassismus gab und wo es auch kein öffentliches Thema war, dass angolanische und vietnamesische Arbeitskräfte im Lande waren, kaserniert in abgelegenen Wohnblocks. Wie gut diese Methode des »Wir sprechen nicht darüber« funktioniert hat, konnte man nach der Wende in Hoyerswerda, Rostock-Lichtenhagen etc. besichtigen.

Und zweitens: Möchten Sie wirklich in einer Gesellschaft leben, die von solchen Menschen geprägt wird? Von Menschen, die tatsächlich Zeit und Energie darauf verwenden, Kinderbuchklassiker von verbotenen Wörtern zu befreien? Ich eher nicht.

Zum Glück ist es für das Verständnis und den Charme der »Kleinen Hexe« nicht entscheidend, ob das Wort »Negerlein« darin vorkommt. Anderen Klassikern geht es da schon existenzieller an den Kragen, wenn sie den Politisch Korrekten in die Hände fallen. Zum Beispiel Mark Twains »Huckleberry Finn«. Ein Literaturwissenschaftler aus Alabama hat eine bereinigte Fassung erstellt, in der alle »Negros« und »Nigger« gestrichen waren. Vorteil: Aus einem dicken Schinken wurde ein Reclamheft. Nachteil: Keiner verstand mehr, worum es in dem Buch geht. Wenn Huckleberry Finn »Sklave« anstatt »Neger« sagt, wird die Geschichte von der Zeit getrennt, in der sie spielt.

In amerikanischen Schulen wird »Huckleberry Finn« nicht mehr behandelt. Kann das das Ziel sein? Schüler sollen nicht mehr anschaulich erfahren, wie die Welt aussah, als sie noch nicht den Regeln der Political Correctness folgte? Was kommt als Nächstes? Welches Frauenbild hatte eigentlich Malcolm X? Darf man Mahatma Gandhi irgendwann nicht mehr erwähnen, weil sich herausstellt, dass er seinen Müll nicht getrennt hat? Und kann man Kindern die Erwähnung des Wortes »Krieg« eigentlich zumuten? Es wäre doch viel schöner, wenn es nie Kriege gegeben hätte. Lasst uns das Wort und die Erinnerung daran streichen – und die Welt wird eine bessere sein.

Ein weiteres Opfer der Political-Correctness-Debatte ist Astrid Lindgren. Dass Pippi Langstrumpfs Vater als »*Negerkönig*« bezeichnet wird, wurde irgendwann zum Stein des Anstoßes. Astrid Lindgren hat diese wunderbare Kinderbuchreihe Mitte der 4oer-Jahre begonnen. Damals gab es keinen schwarzen Schweden. Astrid Lindgren war keine Rassistin, doch die Welt, in der sie lebte, war rassistisch.

Pippi Langstrumpf ist meiner Ansicht nach noch heute eines der progressivsten Kinderbücher. Pippi war mein Vorbild. Sie ist ein Freigeist, eine Punkerin. Voller Phantasie, eine Botschafterin des freien Denkens und der Abenteuerlust. Sie war schon eine Punkerin, als es den Begriff noch nicht gab, die kleine Trendsetterin.

Generationen von Kindern haben die Pippi-Langstrumpf-Bücher gelesen und geliebt. Sind sie dadurch zu Rassisten geworden? Bitte unterschätzt die Kinder nicht! In der Auseinandersetzung mit den Formulierungen von Astrid Lindgren und Otfried Preußler können wir mehr gegen Rassismus tun als mit der – hi hi: Schwärzung dieser Wörter.

Und im Übrigen ist es allen Eltern freigestellt, ihren Kindern ein Buch *nicht* vorzulesen oder zu schenken, wenn sie es nicht für geeignet halten. Das ist irgendwie höflicher, als Änderungen in Büchern zu erzwingen, die dann für alle gelten.

So werde ich meinen Kindern den »Struwwelpeter« nicht vorlesen (und sie damit wohl nur umso neugieriger darauf machen, damit muss ich leben). Es gibt zu vieles, das mir daran missfällt. Aber ich würde nicht auf den Gedanken kommen, eine Debatte loszutreten und zu verlangen, dass ein 170 Jahre alter Text geändert wird, nur weil er mir, dem Marius Jung des Jahres 2014, nicht passt. So größenwahnsinnig bin ich nicht.

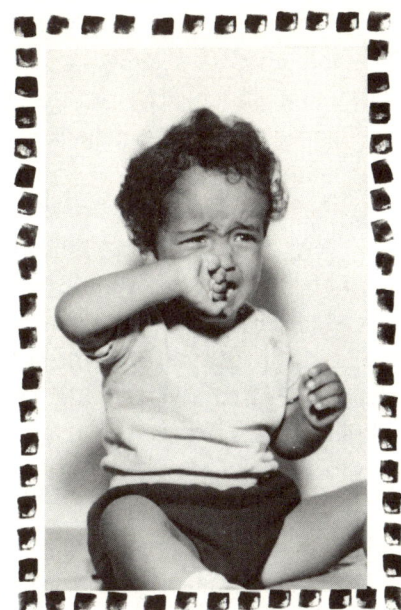

© privat

Der kleine Marius hat soeben erfahren,
dass seine Lieblingsfigur aus
Pippi Langstrumpf, der Negerkönig,
gestrichen worden ist.

Im Struwwelpeter gibt es ja die Geschichte von den
»schwarzen Buben«. Das ist kein politisch korrektes Wort
für »Mohr«, sondern es meint die bestraften weißen Buben Ludwig, Kaspar und Wilhelm. Sie lachen über einen
»kohlpechschwarzen Mohren«. Der große Nikolas er-
mahnt die weißen Buben, sich nicht über den Mohren
lustig zu machen, da er nichts dafür könne, dass er nicht
so weiß sei wie sie. Tja: Soll ich mich nun freuen, dass der
große Nikolas – für 1835 eher fortschrittlich – den Moh-

ren in Schutz nimmt vor dem Mobbing aufgrund seiner Hautfarbe? Oder soll ich mich ärgern, dass das Schwarzsein hier als bedauerliches Schicksal und später, nachdem die bösen Buben ins Tintenfass getaucht worden sind, als Strafe dargestellt wird?

Hätte der große Nikolas die Jungs nicht in kalt gepresstes Olivenöl tauchen und dann nackt in die Sonne stellen können? Sie hätten einen furchtbaren Sonnenbrand bekommen. Das wäre eine Strafe, die dem Buch gerecht wird. Mit abgebrannten Kindern kennt sich Dr. Heinrich Hoffmann schließlich aus, wie die »gar traurige Geschichte mit dem Feuerzeug« zeigt ...

Wie gesagt: Jeder entscheidet selbst, was er seinen Kindern vorliest.

Übrigens: Funktioniert die Magie der Political Correctness auch umgekehrt? Wenn also ein Buch keine bösen Wörter enthält, ist es nicht rassistisch?

ZITAT: *»Die kulturelle Fremdheit muslimischer Migranten könnte relativiert werden, wenn diese Migranten ein besonderes qualifikatorisches oder intellektuelles Potenzial verhießen. Das ist aber nicht erkennbar. Anzeichen gibt es eher für das Gegenteil, und es ist keineswegs ausgemacht, dass dies ausschließlich an der durchweg bildungsfernen Herkunft liegt. So spielen bei Migranten aus dem Nahen Osten auch genetische Belastungen – bedingt durch die dort übliche Heirat zwischen Verwandten – eine erhebliche Rolle und sorgen für einen überdurchschnittlich hohen Anteil an verschiedenen Erbkrankheiten.«*

Diese Passage aus Thilo Sarrazins »*Deutschland schafft sich ab*« enthält kein anstößiges Wort. Also alles in Ordnung? Natürlich nicht. Das Vermeiden »verbotener« Wörter ändert nichts an der Aussage eines Buchs und an der Haltung des Autors. Rassismus bleibt Rassismus.

Wir sollten also keine zu großen Energien auf solche Diskussionen verwenden und uns lieber mit Haltungen auseinandersetzen. Die Tabuisierung eines Begriffs bringt uns nicht weiter.. Wenn ich ständig Angst haben muss, mich nicht richtig auszudrücken und so entgegen meiner Haltung als Rassist verdächtigt zu werden, entziehe ich mich bestimmten Situationen lieber ganz. »Hey, kommst du mit zu Hung Thao ?« – »Zum Schlitzauge? Nee, lass mal, dann sag ich wieder was Falsches…«

# 20. Warum dieses Buch?

Nach einer Show kam einmal ein Zuschauer zu mir und sagte: »Das hast du doch nicht nötig. Du musst doch nicht über deine Hautfarbe sprechen.« Das sollte wohl ein Kompliment werden.

Es ist mir aber ein Bedürfnis, über meine Hautfarbe zu sprechen. Ich bin mit dieser Hautfarbe geboren. Und das ist gut so. Viele lustige und auch skurrile Situationen erlebe ich, weil ich dieses Aussehen habe. Ich erlebe Geschichten, die viele weiße Menschen nicht erleben. Niemand wuschelt ihnen ungefragt in den Haaren oder stammelt herum, weil er oder sie nicht weiß, wie man mich am Telefon oder im Radio am besten beschreibt und dabei politisch korrekt bleibt.

Ich bin in einem weitgehend weißen Umfeld aufgewachsen und habe größtenteils mit weißen Menschen zu tun. So erklärt sich auch, dass es in diesem Buch keine Geschichten gibt, deren Hauptrollen nur mit Schwarzen besetzt sind. Im (eher unwahrscheinlichen) Fall einer Verfilmung dieses Buchs hätten Schwarze beim Casting kaum eine Chance.

In den ersten 30 Jahren meines Lebens habe ich mich mit meiner Herkunft nicht auseinandergesetzt. Dann riss ich die Tür zum Keller mit den metaphorischen Leichen auf und starrte in die Dunkelheit. Das Licht am Ende des Tunnels war der Bildschirm meines Computers. Mein Orakel fand ich in der für mich neuen, mystischen Welt des World Wide Web.

Auch vor Google gab es nämlich schon Suchmaschinen, die einem zum Beispiel die Telefonnummer eines nie gesehenen Vaters in Chicago offenbarten.

Nun musste ich eigentlich nur noch darüber nachdenken, welche Uhrzeit gerade in Chicago war, und seine Nummer wählen. Doch die Sorge um seinen Nachtschlaf war es nicht, die mich abhielt. Ich hatte diesen Mann nie zuvor gesprochen.

Ein halbes Jahr ging ins Land und eines Abends nach einer ganzen Flasche Wein fand ich den Mut, die vermeintliche Nummer meines Vaters zu wählen. Wenige Sekunden später hörte ich seine Stimme. Das wusste ich sofort. Er ist mein Vater. Ob es richtig war, ihn anzurufen, wusste ich nicht. Wir unterhielten uns kurz und steif, bevor ich auflegte, um eine zweite Flasche Wein zu öffnen.

Ein volles Jahr später habe ich meinen Vater dann zum ersten und letzten Mal getroffen. Es war mir wichtig, ihn einmal gesehen zu haben. Da stand er, zwischen Tankstelle und Liquor Store, auf dem Parkplatz einer lauschigen Mall. Die perfekte Umgebung, um sich nach über dreißig Jahren zum ersten Mal zu sehen. Der Ort beschreibt die Intimität unseres Treffens exakt.

Ein schwarzer Mann, dessen Gene ich in mir trage, stand nun vor mir. Sonst verband uns nichts. Er hatte keinen Anteil an meinem Leben. Der Mann, den ich als Vater bezeichne, hat mich mein Leben lang begleitet. Er sieht mir nicht ähnlich, aber er war für mich da.

Dieser schwarze Mann war ein Fremder für mich. Und doch erkannte ich mich in ihm wieder. Blut ist dicker als Wasser, sagt der Volksmund. Doch hier war keine naturgegebene Liebe.

Wie zwei Wildkatzen schlichen wir umeinander. Ohne uns zu berühren, von einem unpersönlichen Händedruck abgesehen, beschnupperten wir uns und saugten die Konturen des anderen auf. Ich machte Fotos, wie von einer Sehenswürdigkeit. Er wiederum filmte mich mit seiner Videokamera, wie in einer Doku-Soap. Während er die Kamera auf mich hielt, stellte er mir Fragen zu meinem Leben, das mit seinem nichts zu tun hatte.

Ein Fremder, der mir ähnlich sieht, interviewt mich. Ich bin ein Teil von ihm, doch es möchte kein wohliges Gefühl aufkommen. Am liebsten hätte ich mich auf der Erde gewälzt und immer und immer wieder gebrüllt: »Wo warst du all die Zeit? Wenn ich traurig war, wenn ich verloren war, wenn ich mich fragte, warum ich so dunkel bin und die anderen nicht. Wo warst du?«

Stattdessen berichtete ich von meinem Künstlerleben und versuchte ihn zu beeindrucken. Er sollte es bereuen, mich verlassen zu haben. Er sollte in Traurigkeit versinken, mein bisheriges Leben verpasst zu haben.

Wie bei einem missglückten Blind Date gingen wir schließlich leicht peinlich berührt auseinander. »Wir können ja Mailkontakt halten.«

Hätten wir gekonnt, haben wir aber nicht.

Doch diese kurze, schmerzhafte Begegnung war ein wichtiger Schritt in der Auseinandersetzung mit meiner Herkunft. Ich konnte einmal sehen, wo mein Aussehen herkommt. Ich konnte den muffigen dunklen Keller kurz erhellen. Es hatte was von einer Entrümpelung. Das tat einfach gut. Entrümpeln befreit, auch und gerade, wenn man nicht jede Kiste nochmal öffnet.

Wenn ich vorher Nummern zu meiner Hautfarbe

geschrieben habe, blieb es bei Klischees über Schwarze. Die Auseinandersetzung mit mir als Schwarzem gab mir die Chance, mein Selbstbild zu komplettieren.

Den Mann getroffen zu haben, dem ich meinen angenehmen Teint verdanke, half mir, einen reflektierteren Blick auf mein Leben als Schwarzer in Deutschland zu entwickeln. Ich konnte immer besser über meine Geschichte und über das Leben von schwarzen Deutschen sprechen. Mit der Zeit entstand so endlich meine Haltung zu dem Thema. Seitdem erzähle ich meine Geschichten mit einem Lächeln auf den Lippen.

Das Leben meint es gut mit mir. Ich bin gesund, habe tolle Freunde und eine wunderbare Familie. Ich kann von meinem Beruf leben, was für Künstler nicht selbstverständlich ist.

Doch das Wissen, dass ich auch im 21. Jahrhundert viele Jobs deshalb nicht bekomme, weil ich ein Schwarzer bin, macht mir immer wieder schlechte Laune. Diese Wut wollte ich konstruktiv umsetzen.

Also fing ich an, Geschichten aufzuschreiben. Zunächst waren es nur allgemeine Beobachtungen über den Umgang zwischen schwarzen und weißen Menschen in Deutschland. Mit der Zeit wurden die Geschichten immer persönlicher. Ich wollte euch einen Einblick in mein Leben als Schwarzer in Deutschland geben. Ohne polemisch und jammernd zu reklamieren, wie schlecht es uns Schwarzen hier in Deutschland geht. Ich habe lieber das Mittel der Komik, der Satire, des Sarkasmus, der Ironie gewählt. »Miteinander übereinander lachen« nennt mein Kollege Martin Fromme das gern. Mir ist klar, dass es einige humorbefreite Kämpfer für das Gute geben wird, die keine Ironie verstehen und mir werden vorschreiben wollen, welche Wörter ich verwenden darf und welche pfui sind. Ich freue mich schon auf die Auseinandersetzung!

Gebt einem Schwarzen die Rolle des Prof. Dr. Schmitz und versteckt euch nicht hinter der Behauptung, die Menschen glaubten nicht, dass der Schwarze Arzt sei! Nicht jeder Schwarze ist Musiker, Tänzer oder Dealer.

Schön wäre es doch, wenn wir nicht mehr darüber diskutieren müssten, ob der kleine blonde Hans sich schwarz anmalen darf, um den Balthasar zu spielen. Das ist nicht rassistisch. Rassistisch ist, dass Schwarze nur die Figuren spielen dürfen, die im Drehbuch ausdrücklich als Schwarze bezeichnet werden. Und das sind bekanntlich verdammt wenige.

Rassistisch sind nicht nur die Neonazi-Würstchen, die uns als schwächer deklarieren müssen, um ihr klägliches Leben meistern zu können. Auch die Gutmenschen, die uns nur als Opfer tolerieren, die ihr Mitleid über uns ausschütten und uns sagen, dass es schön sei, dass wir hier sind, handeln rassistisch. Und Produktionsfirmen, die uns die Rolle eines besonders bösen Menschen nicht geben, weil Schwarze im Fernsehen nicht schlecht dargestellt werden sollen, handeln auch nur scheinbar zu unserem Schutz. Sie sind nicht viel besser als die Feiglinge mit dem Standardsatz: »Ich habe ja kein Problem mit Ihnen, aber ich kann nicht einschätzen, wie meine Kunden reagieren.«

Auch wenn wir nicht mehr Leibeigene sind und keine Ketten mehr tragen: Es gibt noch viel zu tun, um tatsächlich einen respektvollen und lockeren Umgang zwischen Schwarz und Weiß in Deutschland zu erreichen. Wir brauchen kein Mitleid, sondern lediglich die Einsicht, dass Farbenblindheit gesellschaftlich gesehen etwas Gutes ist. Erst wenn Menschen nach dem beurteilt werden, was sie sind, und nicht nach ihrer Hautfarbe, sind wir einen echten Schritt weiter.

*Marius Jung, im Sommer 2013*

# 21. Fragen, die selbst dieses Buch nicht beantworten kann

**Meditationsbild für Anfänger: Schließen
Sie die Augen und konzentrieren Sie sich ganz
auf die Fragen ...**

**POLITIK:** Wäre die CDU wählbarer, wenn Angela Merkel schwarz wäre statt Ossi?

**UMGANGSFORMEN:** Wie weist man einen Weißen (unter Eingeweihten auch »Butterstinker« genannt) diskret auf seinen Körpergeruch hin?

**KULTUR:** Wie konnte es passieren, dass kein klassischer deutscher Komponist schwarz ist?

**ALLGEMEINWISSEN:** Ist die Vergleichstabelle auf der nächsten Seite vollständig?

|  | Schwarze | Weiße |
|---|---|---|
| **Arbeit** | Maler (steuerfrei) | Maler |
| **Arme** | 2 | 2 |
| **Beine** | 2 | 2 |
| **Klaviertasten** | 36 | 52 |
| **Schach** | Zieht nach | Fängt an |
| **Schafe** | Selten | Blöd |
| **Schokolade** | Schmeckt besser | Schmeckt schlechter |
| **Sonnenbrand** | Weniger | Mehr |
| **Sozialhilfe-empfänger** | Mehr | Auch viele |
| **US-Präsidenten\*** | 100% | 0% |

\*Erhebungszeitraum: 2009–2013

# Noch 'ne Frage ...?

# »Macht tierisch Laune!«
## (Piet Klocke)

160 Seiten, € 9,99
Auch als E-Book erhältlich.

# Sträter! Basta!

Die rauhe Stimme des Ruhrpotts

Voll auf die Zwölf und unglaublich komisch

# BLACKOUT

**inklusive**

*So einfach geht's:*

**1.**  www.carlsen.de/ebookinklusive
aufrufen.

**2.** 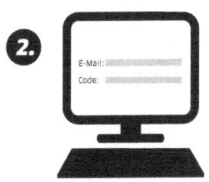 Gewünschtes E-Book-Format aus-
wählen und die eigene E-Mail-Adresse
und folgenden Code eingeben:

# 28HJ3-EG9T6-JZKG2

**3.**  Der Downloadlink wird
an die angegebene E-Mail-
Adresse verschickt. E-Book
herunterladen und auf
mobiles Endgerät übertragen.

**4.**  Viel Spaß beim Lesen!